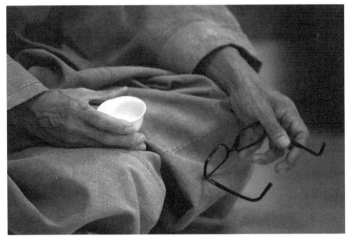

"내 삶을 이루는 소박한 행복 세 가지는 스승이자 벗인 책 몇 권, 나의 일손을 기다리는 채소밭, 그리고 오두막 옆 개울물 길어다 마시는 차 한 잔이다." 2008년, 법정 스님의 손과 찻잔과 안경

이 시대의 정신적 스승 법정 스님은 전라남도 해남에서 태어났다. 한국전쟁의 비극을 경험하고 삶과 죽음에 대해 고뇌하다가 대학 재학 중 진리의 길을 찾아 나섰다.

오대산의 절을 향해 떠났지만 눈이 많이 내려 길이 막히자 서울로 올라와 선학원에서 당대의 선승 효봉 스님을 만나 대화를 나눈 뒤 그 자리에서 삭발하고 출가했다. 다음날 통영 미래사로 내려가 행자 생활을 했으며, 사미계를 받은 후 지리산 쌍계사 탑전으로 가서 스승을 모시고 정진했다. 그후 해인사 선원과 강원에서 수행자의 기초를 다지다가 28세 되던 해 통도사에서 비구계를 받았다.

서울 봉은사에서 운허 스님과 더불어 불교 경전 번역 일을 하던 중 함석헌, 장준하, 김동길 등과 함께 민주수호국민협의회를 결성 민주화 운동에 참여했다. 1975년 본래의 수행승의 자리로 돌아가기 위해 송광사 뒷산에 불일암을 짓고 홀로 살기 시작했다.

하지만 세상에 명성이 알려지자 1992년 다시 출가하는 마음으로 불일암을 떠나 아무도 거처를 모르는 강원도 산골 오두막, 문명의 도구조차 없는 곳에서 혼자 살아왔다.

강원도 생활 17년째인 2008년 가을, 묵은 곳을 털고 남쪽 지방에 임시 거처를 마련하였다. 대표 산문집 〈무소유〉는 그 단어가 단순히 국어사전에 있는 사전적 개념을 넘어 '무소유 정신'이라는 의미로 현대인의 마음에 자리잡았다.

표지와 본문 그림 ⓒ Naomi Ito
사진 ⓒ 이종승
캘리그래퍼 ⓒ 강병인
표지와 본문 디자인 _ 행복한물고기 HappyFish

아름다운 마무리

행복할 때는 행복에 매달리지 말라.
불행할 때는 피하려 하지 말고 받아들이라.
그러면서 자신의 삶을 순간순간 바라보라.
맑은 정신으로 지켜보라.

아름다운 마무리

법정

문학의숲

가을에 책을 내며

11월의 숲은 성글다

물든 잎들이 지고

가지와 줄기가 듬성듬성

제 모습을 드러낸다

뜰에 찬 그늘이 내리는 이 무렵이

겉으로는 좀 쓸쓸한 듯하지만

안으로는 중심이 잡히는 아늑하고 따뜻한 계절이다

가을 하늘처럼 투명하고

한가로움과 고요로 차분해진 산중은

그 어느 때보다 산중답다

숲은 안식과 치유의 장소

이 투명함과 한가로움과 고요가

안식과 치유의 기능을 한다

여기 모은 글들은 산중에 홀로 살면서 세상과 소통하기 위해 '맑고 향기롭게' 소식지에 한 달에 한 편씩 그때의 생각과 삶의 부스러기를 담은 것들이다. 삶은 소유가 아니라 순간순간의 '있음'이다. 영원한 것은 없다. 모두가 한때일 뿐. 그 한때를 최선을 다해 최대한으로 살 수 있어야 한다. 삶은 놀라운 신비요, 아름다움이다. 그 순간순간이 아름다운 마무리이자 새로운 시작이어야 한다.

2008년 11월 法頂

차 례

아름다운 마무리는 삶에 대해 감사하게 여기는 것이다. 내가 걸어온 길 말고는 나에게 다른 길이 없었음을 깨닫고 그 길이 나를 성장시켜 주었음을 믿는 것이다. 자신에게 일어난 일과 모든 과정의 의미를 이해하고 나에게 성장의 기회를 준 삶에 대해 감사하는 것이 아름다운 마무리다.

방생에서 배우다

노년의 아름다움

영원히 이어질 것 같던 여름철 그 무더위도 처서를 고비로 한풀 꺾여 가을에 밀려간다. 순환의 법칙, 이 우주 질서가 지속되는 한 지구는 살아 숨쉰다. 이와 같이 모든 것은 그 때가 있다.

가을바람이 불어오면 하늘이 높아지고 물이 맑아져 차 맛도 새롭다. 어제 아침 가을에 어울리는 다기로 바꾸었다. 지난 해제날 보원요의 지헌知軒 님이 새로 빚어 가져온 찻잔에 초가을의 향기를 음미하면서 모처럼 산중의 맑은 한적을 누렸다.

아무리 뛰어난 예술 작품도 작가는 그 작품에 절반의 혼 밖에 불어넣을 수 없다는 말이 있다. 나머지 절반의 혼은 소장자, 즉 그 작품을 아끼고 사랑하면서 잘 활용하는 사람에 의해서 완성된다. 때깔이 고운 이 찻잔은 보원요 나름의 기법으로 최근에 빚어진 것인데 찻잔의 크기도 알맞고, 잡음새도 좋고, 전도 원만하고, 굽도 넉넉해서 보고 매만지기만 해도 즐겁다. 이 찻잔은 앞으로 내 눈길과 손결에 의해서 세월과 함께 완벽한 그릇으로 형성되어 갈 것이다.

요즘 〈계로록戒老錄〉[1], 노년에 경계해야 할 일들을 읽고 있는데 나 자신의 일상을 되돌아보게 하는 글이다. 돌이켜보니 나 스스로도 의식하지 못한 채 같은 말을 되풀이해 왔다. 같은 말을 되풀이한다는 것은 지나간 시간의 늪에 갇혀 헤어나지 못하고 있다는 소식이다. 이 또한 노쇠 현상이 아닐 수 없다.

이와 같은 현상은 새로운 것에 대한 관심과 탐구의 노력이 결여되었다는 그 반증이기도 하다. 우리는 자신의 꿈과 이상을 저버릴 때 늙는다. 세월은 우리 얼굴에 주름살을 남기지만 우리가 일에 대한 흥미를 잃을 때는 영혼이 주름지게 된다. 그 누구를 물을 것 없이 탐구하는 노력을 쉬게 되면 인생이 녹슨다. 명심하고 명심할 일이다.

흔히들 노후에 대한 불안을 이야기하는데 그것은 아직 오지 않고 있는 이다음 일이지 지금 당장의 일은 아니다.

세상물정 모르는 철없는 소리일지 모르지만 지금 이 순간을 자신의 분수에 맞게 제대로 살고 있다면 노후에 대한 불안 같은 것에 주눅 들지 않을 것이다. 모든 살아 있는 것들은 지금 이 순간을 살고 있다. 지금 이 순간은 과거도 미래도 없는 순수한 시간이다. 언제 어디서나 지금 이 순간을 살 수 있어야 한다.

생각해 보니 내가 이 세상을 의지해 살아오는 동안 알게 모르게 이 지구의 자원을 많이 소비하고 그만큼 지구환경을 오염시킨 것 같다. 오늘과 같은 두려운 기후 변화는 지구 환경을 허물고 교란시켜 온 우리들 자신의 소행 때문이다. 이를 극복하기 위해서는 지구인들 각자가 삶의 현장에서 될 수 있는 한 이 지구를 오염시키는 일을 삼가야 한다.

그러자면 무엇보다도 먼저 간소하고 단순하게 살아야 한다. 꼭 그렇게 필요하지도 않은 물건 더미에 짓눌려 헤어나지 못하고 있는 우리들 살림살이를 시시로 점검하고 되돌아볼 수 있어야 한다.

한 해가 다 지나도록 손대지 않고 쓰지 않는 물건이 쌓여 있다면 그것은 내게 소용없는 것들이니 아낌없이 새 주인에게 돌려주어야 한다.

부자란 집이나 물건을 남보다 많이 차지하고 사는 사람

이 아니다. 불필요한 것들을 갖지 않고 마음이 물건에 얽매이지 않아 홀가분하게 사는 사람이야말로 진정한 부자라 할 수 있다.

한밤중 잠에서 깨어나 별빛처럼 또렷한 의식을 가지고 그날그날 삶의 자취를 낱낱이 살피고, 자기 중심으로 생각하거나 행동하지 않고 세상의 눈으로 자신을 비춰 보는, 이런 일들을 통해 노년을 아름답게 가꿀 수 있다.

노년의 아름다움이란 모든 일을 담담히 받아들이고, 남에게 양보할 수 있는 너그러움에 있음을 잊지 말 일이다.

고전에서 인간학을 배우다

올여름은 일찍이 없었던 기후변화를 피부로 실감할 수 있다. 전에 없이 영동 산간지방에도 몇 차례 폭염주의보가 내려졌다. 지구인들의 과소비로 인한 지구 온난화에 그 원인이 있음을 뻔히 알면서도 나라마다 경제발전을 내세워 개선하려고 하지 않는다. 마치 제동장치가 고장 난 차가 내리막길을 질주하는 꼴이다.

이런 와중에도 철 따라 꽃은 피고 진다. 요즘 산중은 산수국이 한창이다. 양지보다는 음지를 좋아하는 산수국은 큰 나무그늘 아래서 마치 진남색 별무리들이 내려와 쉬고 있는 것 같다. 눈이 활짝 열리도록 선연하다. 혼자서 보기에 아깝다.

춘추전국시대 말기, 한 젊은이가 전국을 떠돌면서 선현들의 문을 두들기며 군사학과 병법, 정치학을 배웠다. 그러던 어느 날 다리 가장자리를 따라 지나가는데 누더기를 걸친 한 노인이 곁으로 다가와 일부러 신발을 다리 아래로 떨어뜨리며 말했다.

"이보게 젊은이, 내려가 신발을 좀 주워 오게."

젊은이는 울컥 화가 치밀었지만 상대가 노인이기 때문에 지그시 참고 다리 아래로 내려가 신발을 주워 왔다.

그러자 노인은 한술 더 떠 그 신발을 신겨 달라고 했다. 이왕 내친김이라 생각한 젊은이는 아무 말 없이 허리를 굽혀 공손히 신발을 신겨 주었다.

그러자 노인은 말했다.

"자네는 꽤 쓸 만하군. 닷새 뒤 날이 샐 무렵에 이곳으로 오게."

노인은 이 말을 남기고 홀연히 그 자리를 떠났다.

닷새 뒤 새벽에 젊은이가 다리로 나가 보니 노인은 벌써 와 있었다.

"늙은이와 약속한 녀석이 왜 이리 늦었느냐. 닷새 뒤 다시 오너라."

노인은 이렇게 호통을 치며 가 버렸다. 닷새 뒤, 이번에는 닭이 우는 소리를 듣고 바로 나갔지만 노인은 벌써 와서 기다리고 있었다.

"또 늦었군. 닷새 뒤에 다시 오너라."

다시 닷새 뒤 젊은이는 아직 날이 새기도 전에 어둠을 더듬으며 다리로 나갔다. 그러자 잠시 뒤 노인이 나타나 책 한 권을 건네주었다.

"이것을 읽거라. 이 책을 숙독하면 너는 왕의 군사軍師가 될 수 있느니라. 10년 뒤에는 훌륭한 군사가 되어 세상에 이름을 떨치게 될 것이다."

이 말을 남기고 노인은 어디론지 사라졌다. 젊은이가 그 책을 보니 태공망(강태공)이 쓴 〈육도삼략〉이라는 병서였다. 젊은이는 그 책을 다 외울 때까지 되풀이해 읽었다. 이때의 젊은이가 훗날 한漢나라를 세운 유방의 군사가 되어 그를 성공시킨 장량張良 그 사람이다.

책 가운데는 이와 같이 단 한 권으로 사람의 일생에 결정적인 영향을 미치는 책이 있다.

옛사람들은 고전에서 인간학을 배우며 자신을 다스리고 높이는 공부를 했다. 그러나 요즘 사람들은 얄팍한 지식이나 정보의 덫에 걸려 고전에 대한 소양이 너무 부족하다. 자기 나름의 확고한 인생관이나 윤리관이 없기 때문에 눈

앞의 조그만 이해관계에 걸려 번번이 넘어진다.

　인류의 정신문화 유산인 양질의 책을 통해 세상을 보는 눈이 열리고 인생의 균형을 유지할 수 있다.

　아무 도움도 되지 않는 텔레비전 프로나 신문기사로 머리를 가득 채우는 것은, 영양가 없는 음식을 몸에 꾸역꾸역 집어넣는 것처럼 정신 건강에 해롭다.

아름다운 마무리

오늘 오후 채소밭을 정리했다. 고랭지에 서리가 내리기 전에 오이넝쿨과 고춧대와 아욱대 등을 걷어 냈다. 여름날 내 식탁에 먹을 것을 대 주고 가꾸는 재미를 베풀어 준 채소의 끝자락이 서리를 맞아 어둡게 시들어 가는 것을 그대로 두는 것은 가꾸는 사람의 도리가 아니다. 그때그때 바로 그 자리에서 나 자신이 해야 할 도리와 의무와 책임을 다하는 것이 아름다운 마무리다.

아름다운 마무리는 삶에 대해 감사하게 여긴다. 내가 걸어온 길 말고는 나에게 다른 길이 없었음을 깨닫고 그 길이 나를 성장시켜 주었음을 긍정한다. 자신에게 일어난 일들과 모든 과정의 의미를 이해하고 나에게 성장의 기회를 준 삶에 대해, 이 존재계에 대해 감사하는 것이 아름다운 마무리다.

아름다운 마무리는 처음의 마음으로 돌아가는 것이다. 일의 과정에서, 길의 도중에서 잃어버린 초심을 회복하는 것이다.

아름다운 마무리는 근원적인 물음, '나는 누구인가' 하고 묻는 것이다. 삶의 순간순간마다 '나는 어디로 가고 있는가?' 하는 물음에서 그때그때 마무리가 이루어진다. 그 물음은 본래 모습을 잃지 않는 중요한 자각이다.

아름다운 마무리는 내려놓음이다. 내려놓음은 일의 결과나 세상에서의 성공과 실패를 뛰어넘어 자신의 순수 존재에 이르는 내면의 연금술이다. 내려놓지 못할 때 마무리는 일어나지 않는다. 그것은 또 다른 윤회와 반복의 여지를 남긴다. 아름다운 마무리는 진정한 내려놓음에서 완성된다.

아름다운 마무리는 비움이다. 채움만을 위해 달려온 생각을 버리고 비움에 다가가는 것이다. 그러므로 아름다운 마무리는 비움이고 그 비움이 가져다주는 충만으로 자신을 채운다.

아름다운 마무리는 삶의 본질인 놀이를 회복하는 것. 심각함과 복잡한 생각을 내려놓고 천진과 순수로 돌아가 존재의 기쁨을 누린다.

아름다운 마무리는 지금이 바로 그때임을 안다. 과거나 미래의 어느 때가 아니라 지금 이 순간이 나에게 주어진 유일한 순간임을 안다. 아름다운 마무리는 지나간 모든 순간들과 기꺼이 작별하고 아직 오지 않은 순간들에 대해서는 미지 그대로 열어 둔 채 지금 이 순간을 받아들인다.

또한 아름다운 마무리는 용서이고 이해이고 자비이다. 용서와 이해와 자비를 통해 자기 자신을 새롭게 일깨운다. 이유 없이 일어나는 일은 존재하지 않기 때문이다.

아름다운 마무리는 자연과 대지, 태양과 강, 나무와 풀을 돌아보고 내 안의 자연을 되찾는다. 궁극적으로 내가 기댈 곳은 오직 자연뿐임을 아는 마음이다.

아름다운 마무리는 개체인 나를 뛰어넘어 전체와 만난다. 눈앞의 이해관계에서 벗어나 나 자신이 세상의 한 부분이고 우리 모두는 서로 연결된 존재임을 깨닫는다.

아름다운 마무리는 나를 얽어매고 있는 구속과 생각들로부터 벗어나 자유로워지는 것. 삶의 예속물이 아니라 삶의 주체로서 거듭난다. 진정한 자유인에 이르는 것이야말로 아름다운 마무리다.

아름다운 마무리는 차 한 잔을 앞에 두고 그 향기와 맛과

빛깔을 조용히 음미한다. 그것은 삶에 새로운 향기와 빛을 부여하는 일이다.

아름다운 마무리는 스스로 가난과 간소함을 선택한다. 맑은 가난과 간소함으로 자신을 정신적 궁핍으로부터 바로 세우고 소유의 비좁은 감옥으로부터 해방시킨다.

아름다운 마무리는 또한 단순해지는 것. 하나만으로 만족할 줄 안다. 불필요한 것들과 거리를 둠으로써 자기 자신과 더욱 가까워진다. 필요한 것과 불필요한 것을 분명하게 가릴 줄 안다. 문명이 만들어 낸 온갖 제품을 사용하면서 '어느 것이 진정으로 내 삶에 필요한가, 나는 이것들로 인해 진정으로 행복한가?' 하고 스스로에게 묻는다. 그리하여 불필요한 것들로부터 자유로워진다.

아름다운 마무리는 살아온 날들에 대해 찬사를 보내는 것, 타인의 상처를 치유하고 잃어버렸던 나를 찾는 것, 그리고 수많은 의존과 타성적인 관계에서 벗어나 홀로 서는 것이다.

그리고 아름다운 마무리는 언제든 떠날 채비를 갖춘다. 그 어디 어느 것에도 얽매이지 않고 순례자나 여행자의 모습으로 산다. 우리 앞에 놓인 이 많은 우주의 선물도 그저 감사히 받아 쓸 뿐, 언제든 빈손으로 두고 떠날 수 있도록 준비한다.

머지않아 늦가을 서릿바람에 저토록 무성한 나뭇잎들도 무너져 내릴 것이다. 그 빈 가지에 때가 오면 또다시 새잎이 돋아날 것이다. 아름다운 마무리는 낡은 생각, 낡은 습관을 미련 없이 떨쳐 버리고 새로운 존재로 거듭나는 것이다. 그러므로 아름다운 마무리는 끝이 아니라 새로운 시작이다.

삶에 저항하지 말라

모란이 무너져 내리고 난 빈 자리에 작약이 피고 있다. 선연한 꽃 빛깔과 그 자태가 사람의 발길을 자꾸 가까이 끌어당긴다. 5년 전 고랭지에 피어 있는 작약을 보고 가까이 두고 싶어 농원에 가서 백 그루를 사다 심었었다. 그런데 그해에 잠시 집을 비운 사이 웬 검은 손이 와서 모조리 캐 가고 말았다. 그때 남은 이삭이 움을 틔워 요즘 꽃을 피운 것이다. 기특하고 고맙다.

이른 아침 채소밭 머리에서 밤새 자라 오른 상추며 아욱, 오이넝쿨 등을 바라보고 있으면 이 산천의 정기가 내 몸에까지 스며드는 것 같다. 아욱은 10여 년 전 씨를 구해다 한 번 뿌리고 나서는 해마다 거저 따서 먹는다. 지난해에 떨어진 씨앗에서 움이 터 내 일손을 덜어 준 것이다. 그 강인한 생명력이 놀라울 뿐이다.

요즘 나는 방 안에서 지내는 시간보다 채소밭이나 뜰에 나가 어정거리는 시간을 즐기고 있다. 방 안에서는 방석 위에 앉아 있거나 차를 마시는 일이 고작인데, 뜰에 나가 있으면 생기에 넘치는 살아 있는 것들을 대할 수 있어 무료하지 않고 그 기운으로 나를 채울 수 있다.

올여름에는 거의 책을 보지 않는다. 눈이 번쩍 뜨이는 그런 책을 가까이 접할 수도 없지만 비슷비슷한 소리에 진력이 났기 때문이다. 그리고 돋보기를 맞추어 쓴 지가 10년도 훨씬 넘기 때문에 눈이 쉬이 피로해져서 책을 멀리하게 된 것이다. 어쩌면 다행한 일인지도 모르겠다. 종이에 활자로 박힌 남의 글보다는 나 자신을 읽고 들여다보는 시간이 보다 소중하게 여겨진다.

해마다 이맘때면 저녁 어스름을 타고 쏙독새가 찾아와 오두막 위를 선회하면서 '쏙독쏙독 쏙독쏙독……' 내 벗이 되어 주었는데 2, 3년 전부터는 그 소리를 들을 수 없다. 토끼도 해가 기울면 오두막 가까이 내려와 뜰에서 어정거리거나 채소밭에 들어가 요기를 하고 갔는데 요 몇 해 동안은 자취를 볼 수 없다. 겨울철에 산수국 대궁을 뜯어먹느라 그 아래 배설물을 남기고 간 자취를 보면 아주 사라진 것은 아닌 것 같은데 밀렵꾼들 때문에 몹시 조심하는 것 같다.

책꽂이를 정리하다가 뜻밖에 묵은 일기장이 꽂혀 있는 것이 눈에 띄었다. 대충 훑어보면서 내 삶의 자취가 빛이 바랜 사진첩 같다는 느낌이 들었다.

1995년 6월 17일(토요일), 남불 생 레미에서 쓴 대목. 여행 중에 가지고 간 크리슈나무르티[2]의 〈명상집〉에서 인용한 글이 실려 있었다.

홀로 명상하라.
모든 것을 놓아 버려라.
이미 있었는지를 기억하지 말라.
굳이 기억하려 하면 그것은 이미 죽은 것이 되리라.
그리고 그것에 매달리면 다시는 홀로 있을 수 없을 것이다.
그러므로 저 끝없는 고독, 저 사랑의 아름다움 속에서
그토록 순결하고 그토록 새롭게 명상하라.

저항하지 말라.
그 어떤 것에도 장벽을 쌓아 두지 말라.

온갖 사소한 충동, 강제와 욕구로부터

그리고 그 자질구레한 모든 갈등과 위선으로부터

진정으로 온전히 자유로워지거라.

그러면 팔을 활짝 벌리고

삶의 한복판을 뚜벅뚜벅 당당하게 걸어갈 수 있으
리라.

다시 채소를 가꾸며

햇차가 나올 무렵이면 꾀꼬리가 운다. 올해도 어김없이 꾀꼬리 노래를 들으면서 햇차 맛을 보았다. 반가운 철새 소리를 들으며 햇차를 음미하는 것은 삶의 고마운 운치가 아닐 수 없다.

그리고 진달래가 필 무렵에는 소쩍새가 운다. 소쩍새는 밤에만 울지 않고 숲이 짙은 곳에서는 한낮에도 운다. 또 찔레꽃이 피어나면 뻐꾸기 소리를 들을 수 있다. 찔레꽃이 한창 필 무렵이면 뻐꾸기가 자지러지게 울기도 하는데 이런 때는 날씨가 몹시 가물다.

이와 같이 꽃과 철새의 상관관계를 통해서 자연은 우리에게 계절의 기쁨과 그 은밀한 속뜰을 한 자락 열어 보인다. 사람들은 멈추지 않고 자연을 허물고 더럽힌다. 그럼에도 이런 땅을 저버리지 않고 철 따라 꽃을 피우고 철새가 찾아오는 그 신의와 정상을 생각하면 눈물겹도록 고맙기만 하다.

초파일을 지나서 채소 모종을 사다가 심었다. 오이, 고추, 상추, 케일, 치커리 그리고 고구마도 두 두렁 심었다. 고랭지라 냉해를 입은 오이 모종은 다시 사다 심었다. 여름철을 지내기 위해 이런 준비를 하면서 손수 심고 가꾸는 일이 새삼 고맙고 다행하다고 여겨졌다. 이런 일을 거치는 동안 대지의 덕과 은혜에 접할 수 있기 때문이다.

어떤 학자가 조주 선사[3]에게 물었다.

"저는 모든 것을 버리고 한 물건도 갖지 않았습니다. 이런 때 어떻게 했으면 좋겠습니까?"

조주 선사의 대답.

"방하착放下着(내던져 버려라. 놓아 버려라)!"

"이미 한 물건도 갖고 있지 않은데 무엇을 놓아 버리라고 하십니까?"

"그렇다면 지고 가거라!"

그 학자는 자신의 모든 것을 버렸다는 그 생각에서 아직

벗어나지 못한 것이다. 그런 생각이 남아 있는 한 겉으로는
버린 것 같지만 실제로는 버린 것이 아니다. 바람이 나뭇가
지를 스치고 지나갈 때처럼 안팎으로 거리낌이 없어야 비
로소 자유로울 수 있다.

우리들 삶에서 때로는 지녔던 것을 내던져 버릴 수 있어
야 한다. 움켜쥐었던 것을 놓아 버리지 않고는 묵은 수렁에
서 벗어날 기약이 없다.

우리들이 어쩌다 건강을 잃고 앓게 되면 우리 삶에서 무
엇이 본질적인 것이고 비본질적인 것인지 스스로 알아차리
게 된다. 무엇이 가장 소중하고 무엇이 그저 그런 것인지
저절로 판단이 선다. 그동안 자신이 살아온 삶의 자취가 훤
히 내다보인다. 값있는 삶이었는지 무가치한 삶이었는지
분명해진다.

언젠가 우리에게는 지녔던 모든 것을 놓아 버릴 때가 온
다. 반드시 온다! 그때 가서 아까워 망설인다면 그는 잘못
살아온 것이다. 본래 내 것이 어디 있었던가. 한때 맡아 가
지고 있었을 뿐인데. 그러니 시시로 큰마음 먹고 놓아 버리
는 연습을 미리부터 익혀 두어야 한다. 그래야 지혜로운 자
유인이 될 수 있다. 이런 일도 하나의 '정진'일 수 있다.

오랜만에 차 안에서 전에 듣던 음악에 귀를 기울이고 있

으니 울컥 눈물이 났다. 건강을 되찾아 귀에 익은 음악을 다시 들을 수 있고 손수 채소를 가꿀 수 있다는 사실에 그 저 고맙고 고마울 따름이다. 그리고 내 몸이 성했을 때 순 간순간을 잘 살아야겠다는 생각이 차올랐다. 다들 건강하 기를!

한반도 대운하 안 된다

산하대지에 초록이 물들고 있다. 살아 있는 무수한 생명들이 꽃을 피우고 잎을 펼쳐 내는 이 눈부신 봄날, 이 자리에서 다시 만나게 되어 기쁘고 감사한 마음이다.

우리들이 지금 살아 있다는 것은 당연한 일 같지만 이는 하나의 기적이고 커다란 축복이 아닐 수 없다. 뭐니 뭐니 해도 이 세상에서 생명처럼 존귀한 것은 또 없다. 생명은 개체로 보면 단 하나뿐이다. 친지들의 죽음 앞에서 우리가 슬퍼하는 것은 그것이 다시 만날 수 없는 영원한 이별을 의미하기 때문이다.

우리 시대에 와서 이와 같은 생명의 존엄성이 크게 손상되고 있다. 걸핏하면 어린 생명들을 유괴해다가 폭행을 가

하고 살해한다. 그럴 만한 이유도 없이 무작위로 죽인다.

우리가 살고 있는 이 세상은 사람들만 사는 곳이 아니다. 그 겉모습은 다를지라도 수많은 생명체들이 서로 주고받으면서 어울려 산다. 균형과 조화로써 생명의 연결고리인 생태계를 이루고 있다.

자연을 수단으로 여겨서는 안 된다. 생명의 근원으로서 하나의 생명체로서 바라봐야 한다. 자연은 인간과 격리된 별개의 세계가 아니다. 크게 보면 우주 자체가 커다란 생명체이며, 자연은 생명체의 본질이다. 우리는 그 자연의 일부분이며, 커다란 우주 생명체의 한 부분이다. 이 사실을 안다면 자연을 함부로 망가뜨릴 수 없다.

이명박 대통령의 공약사업으로 은밀히 추진되고 있는 한반도 대운하 계획은 이 땅의 무수한 생명체로 이루어진 생태계를 크게 위협하고 파괴하려는 끔찍한 재앙이다.

우리 국토는 오랜 역사 속에서 조상 대대로 이어 내려온 우리의 몸이고 살이고 뼈이다. 이 땅에 대운하를 만들겠다는 생각 자체가 우리 국토에 대한 무례이고 모독임을 알아야 한다. 물류와 관광을 위해서라고 하는데 몇 푼어치 경제 논리에 의해 이 신성한 땅을 유린하려는 것은 대단히 무모하고 망령된 생각이다. 삼면이 바다이고 고속철도와 고속도로가 수송을 분담하고 있는 현실로 미루어 그것은 결코 타당한 구상이 아니다.

운하는 이미 세계적으로 사양 산업이다. 미국과 유럽에서 운하는 이제 물류의 기능을 제대로 못하기 때문에 철도에 의존하기 위해 철도망을 확충하고 있는 실정이다.

운하를 환영하는 사람들은 교통수단으로 이용하려는 것이 아니라 개발 사업으로 치솟는 땅값에 관심이 있는 땅 투기꾼들이다. 그리고 건설공사에 관심이 있는 일부 건설업자들뿐이다.

강은, 살아 있는 강은 굽이굽이마다 자연스럽게 흘러야 한다. 이런 강을 직선으로 만들고 깊은 웅덩이를 파서 물을 흐르지 못하도록 채워 놓고 강변에 콘크리트 제방을 쌓아 놓으면 그것은 살아 있는 강이 아니다. 갈수록 빈번해지는 국지성 호우는 토막 난 각 수로의 범람을 일으켜 홍수 피해를 가중시킬 것이 뻔하다.

대통령 공약사업 홍보물의 그럴듯한 그림으로 지역주민들을 속여 엉뚱한 환상을 불러일으키고 있다. 개발 욕구에 불을 붙여 국론을 분열시키면서 이 사업을 추진하려는 것은 지극히 부도덕한 처사이다.

일찍이 없었던 이런 무모한 국책사업이 이 땅에서 이루

어진다면 커다란 재앙이 될 것이다. 이런 일이 진행되는 것을 지켜보고만 있다면 우리는 이 정권과 함께 우리 국토에 대해서 씻을 수 없는 범죄자가 될 것이다.

이런 무모한 구상과 계획은 어떤 희생을 치르더라도 우리가 사전에 나서서 막아야 한다. 이는 신성한 우리 의무이다. 이 문제는 지금 우리가 직면한 중대한 사안임을 깊이깊이 명심하기 바란다.

병상에서 배우다

평소 병원을 멀리하고 지냈는데 지난겨울 한 철 병원 신세를 졌다. 병원에는 친지들이 입원해 있을 때 더러 병문안을 가곤 했는데 막상 나 자신이 환자가 되리라고는 미처 생각하지 못했었다.

모든 일에는 그 때가 있는 것 같다. 세상을 살아가면서 그때그때 삶의 매듭들이 지어진다. 그런 매듭을 통해 사람이 안으로 여물어 가는 것이 아닐까 하는 생각이 든다.

흔히 이 육신이 내 몸인 줄 알고 지내는데 병이 들어 앓게 되면 내 몸이 아님을 비로소 인식하게 된다. 내 몸이지만 내 뜻대로 되지 않기 때문이다. 그리고 한 사람이 앓는데 수많은 사람들의 걱정과 염려와 따뜻한 손길이 따르는 것을 보면 결코 자신만의 몸이 아니라는 걸 알 수 있다. 앓을 때는 병자 혼자서만 앓는 것이 아니라 친지들도 친분의 농도만큼 함께 앓는다. '이웃이 앓기 때문에 나도 앓는다'는 까닭이 여기에 있다.

병을 치료하면서 나는 속으로 염원했다. 이 병고를 거치면서 보다 너그럽고, 따뜻하고, 친절하고, 이해심이 많고, 자비로운 사람이 되고자 했다. 인간적으로나 수행자로서 보다 성숙해질 수 있는 계기로 삼고자 했다. 지나온 내 삶의 자취를 돌이켜 보니 건성으로 살아온 것 같았다. 주어진 남은 세월을 보다 알차고 참되게 살고 싶다. 이웃에 필요한 존재로 채워져야겠다고 마음먹었다.

앓게 되면 철이 드는지 뻔히 알면서도 새삼스럽게 모든 이에게 감사하는 마음이 일었다. 그리고 나를 에워싼 모든 사물에 대해서도 문득 고맙다는 생각이 들었다. 사람은 혼자서 사는 것이 아니라 주고받으면서 더불어, 함께 살아가는 것이 인생사임을 뒤늦게 알아차렸다.

병원 대기실에서는 많은 인내력이 따라야 한다. 미리 예약된 시간에 서둘러 도착해도 자신의 이름 부르기를 끝없이 기다려야 하는 때가 많다. 더러는 짜증이 나기도 하지만 환자가 자신만이 아니라 많은 사람들이 진료를 받아야 하기 때문에 참고 기다릴 수밖에 없다.

어느 날은 문득 이런 생각이 들기도 했다. 병원 대기실에서 기다리는 것도 환자에게는 치유가 되겠다는 생각. 우리들의 성급하고 조급한 마음을 어디 가서 고치겠는가. 자신의 병을 치료하기 위해 기다리는 이런 병원에서의 시간이야말로 성급하고 조급한 생각도 함께 치료할 수 있는 계기로 삼아야 할 거라는 생각이었다. 이런 생각이 들자 그 뒤부터는 기다리는 일이 결코 지루하거나 무료하게 느껴지지 않았다. 그런 시간에 화두삼매話頭三昧(나의 마음과 화두가 하나가 된 상태 - 편집자 주)에 들 수 있고 염불로써 평온한 마음을 지닐 수도 있다.

병상에서 줄곧 생각한 일인데 생로병사란 순차적인 것만이 아니라 동시적인 것이기도 하다. 자연사의 경우는 생로병사를 순차적으로 겪지만 뜻밖의 사고나 질병으로 인한 죽음은 차례를 거치지 않고 생에서 사로 비약하기 때문이다. 그러기 때문에 순간순간의 삶이 중요하다. 언제 어디서 인생을 하직하더라도 후회 없는 삶이 되어야 한다.

돌이켜 보면 언제 어디서나 삶은 어차피 그렇게 이루어지는 것이므로 그 순간들을 뜻있게 살면 된다. 삶이란 순간순간의 존재다.

어느 암자의 작은 연못

　요즘 산자락에는 산국이 한창이다. 꽃의 모습도 야생화 답지만 그 향기가 가을꽃 중에서는 일품이다. 두어 가지 꺾 어다가 햇살이 비껴드는 오후의 창가에 놓아두니 은은한 산국의 향기로 방 안이 한층 그윽하고 고풍스럽다.

　철 따라 그 철에 어울리는 꽃이 피어나는 것은 자연이 지 니고 있는 신비다. 이 자연의 오묘한 신비 앞에서 아름다움 의 뒤뜰을 넘어다본다. 요즘 세상에서는 다들 돈타령, 경제 타령만 하느라고 아름다움에 대해서는 무감각하다. 세상물 정 모르는 철부지들이나 관심 갖는 것으로 여긴다.

　그러나 우리가 무엇을 위해 살아야 하는지, 삶의 질의 중 심이 어디에 있는지 생각해 보면 아름다움과 행복이 밀접

한 상관관계에 놓여 있음을 알 수 있다.

경제만 있고 삶의 가장 내밀한 영역인 아름다움이 없다면 인간의 삶은 너무 삭막하고 건조하다. 우리가 아름다움을 모른다면 결코 행복에 이를 수 없다. 아름다움이야말로 살아 있는 기쁨이기 때문이다.

남쪽에 내려가 쉬면서 한 암자의 뜰에 있는 연못에서 나는 아름다움이 뭐라는 걸 새삼스레 인식하게 되었다. 연못이래야 겨우 손바닥만 한 크기. 세로 두어 자, 가로 너댓 자 될까 말까 한 작은 규모이다. 넘치는 샘물에 청죽靑竹으로 홈대를 만들어 연못으로 끌어들인 구조인데 거기 수련과 창포와 바위와 이끼와 올챙이들이 살고 있었다. 그것도 연못에 가득 차지 않고 3분의 1쯤 남은 빈 자리와 조화를 이루고 있었다.

그 작은 연못은 아름다움의 한 요소인 '여백의 미'를 지니고 있었다. 덜 채워져 좀 모자란 듯한 구석, 그립고 아쉬움이 따르는 그런 운치를 지닌 사랑스런 연못이었다. 홈대에서 떨어지는 물소리가 적막한 산중의 분위기를 한층 적막하게 했다.

나는 하루에도 몇 차례씩 그 연못가에 앉아 저 미륵반가 사유상이 지닌 고요와 평안과 잔잔한 미소를 머금곤 했었다. 연못에서 멀지않은 곳에 정정한 노송이 서너 그루 있는데 앞산에 달이 떠 가지에 걸릴 때 연못에 비출 그 황홀한 아름다움은 상상만으로도 족했다.

또 아름다움에는 어디에도 거리낌이 없어야 한다. 이런 시가 있다.

> 대 그림자 뜰을 쓸어도 먼지 일지 않고
> 달이 연못 속에 들어가도 물에는 흔적 없네

바람에 일렁이는 대와 뜰과 달과 연못이 한데 어울리면서도 서로 거리낌이 없는 이런 경지가 아름다움이 지닌 오묘한 조화이다. 뛰어난 장인匠人은 그 자취를 남기지 않는다. 그 무엇에도 거리낌이 없다.

진정한 아름다움은 샘물과 같아서 퍼내어도 퍼내어도 다함이 없이 안에서 솟아난다. 그러나 가꾸지 않으면 솟지 않는다. 어떤 대상에서 아름다움을 만나는 것은 어렵지 않다. 열린 눈으로 보고, 귀로 듣고, 안으로 느낄 수 있으면 된다.

그러나 나 자신이 지닌 아름다움은 가꾸지 않으면 솟아나지 않는다. 나 자신을 어떻게 가꿀 것인가? 이웃과 고락을 함께하면서 즉 이웃과 나누는 일을 통해서 나 자신을 시시로 가꾸어야 한다. 인정의 샘이 넘쳐야 나 자신의 삶이 그만큼 아름다워지기 때문이다. 아름다움을 가리켜 시들지 않는 영원한 기쁨이라고 한 까닭이 여기에 있다.

이 가을에 아름다움을 만나고 가꾸면서 다들 행복해지 기를.

풍요로운 아침

산중에는 고요와 거룩함이 있다. 특히 아침나절의 산은 더욱 아름답고 신선하다. 들이마시는 공기에는 숲 향기와 밤새 내린 이슬기가 배어 있다.

이와 같은 신선한 아침을 잘 맞이할 수 있어야 그날 하루의 삶도 알차다. 이 거룩한 시간을 신문이나 방송 등 너절하고 잡스런 바깥 소리로 얼룩지게 한다면 그것은 고요와 거룩함에 대한 모독이다.

새날이 시작되는 이 거룩한 시간을 어떻게 맞이하느냐에 따라 그의 삶은 달라진다. 만약 새날의 시작을 부질없는 일로 맞이한다면 그날 하루는 잘못 산 날이 될 것이다. 아름답고 선한 일로 시작한다면 그의 삶은 그만큼 아름답고 선하게 채워진다.

신선한 아침을 이와 같이 찬탄하고 있는 나 자신은 지난 밤 바른쪽 어깻죽지가 너무 저리고 아파서 잠을 제대로 이루지 못했다. 생·노·병·사, 생명의 주기인 그 병고를 치르는 중이다.

석 달쯤 전, 수원지에서 물길을 고치느라고 무거운 돌을 서너 차례 들어 옮겼더니 그 뒤부터 바른쪽 가슴께가 바늘 끝으로 찌르듯 따끔거리고 어깻죽지가 납덩이처럼 무겁고 저렸었다. 담이 들어 그러나 싶어 침을 맞고 지압을 받았지만 별 효험이 없었다.

얼마 전 골프를 즐겼던 한 친지로부터 늑골에 금이 가면 그런 증상이 나타나더라는 경험담을 들었다. 그는 골프공을 잘못 쳐 이 대지인 '지구공'을 치는 바람에 늑골에 금이 가 한동안 고생을 했다는 것이다.

그저께 달포 만에 길상사에 나간 걸음에 큰맘 먹고 정형외과에 가서 사진을 찍은 결과 바른쪽 여섯 번째 갈비뼈에 균열이 가 있었다.

모든 생명체는 스스로 치유하는 기능을 지니고 있으므로 다친 부위는 지금 아무는 중에 있다고 했다. 질병의 원인을 사진으로 확인했기 때문에 얼마쯤 궁금증이 풀렸다. 모든 병이 그렇듯이 앓을 만큼 앓으면 죽을병이 아닌 한 나을 때가 있다.

옛사람의 가르침에 병고로써 양약을 삼으라는 교훈이 떠오른다. 내가 몸소 앓아 봄으로써 이웃의 아픔을 이해할 수 있다. 동병상련. 우리가 어떤 병고를 겪을 때 그것을 단순하게 개인적인 문제로 생각하기 쉽다. 그래서 이웃의 괴로움에 대해서는 모른 체한다.

그러나 곰곰이 생각해 보면 우리 모두는 질병을 딛고 살아간다. 그것은 살아 있는 우리 모두에게 꼭 같이 주어진 것이다. 찬란한 아침 햇살과 저녁노을의 아름다움이 우리 모두에게 고루 주어진 것처럼.

어둠이 가시고 새날이 밝아 오는 여명은 신비한 고요로 서서히 대지의 옷을 벗긴다. 이런 시각 대지의 나그네인 우리들 자신도 한 꺼풀씩 묵은 허물을 벗어야 한다. 그래서 새날을 맞이하기 위해 준비를 해야 한다. 우리는 즐거움이 됐건 괴로움이 됐건 겸허히 받아들여야 한다.

오늘 아침, 내 식탁에는 들꽃이 한 다발 꽂혀 있다. 가을 들녘의 풍요에 못지않은 풍요로운 내 아침이다.

당신은 이 아침을 어떻게 맞이하고 있는가? 만날 그날이 그날처럼 그렁저렁 맞이하고 있다면 새날에 대한 결례가 될 것이다. 누가 됐건 한 생애는 세상의 빛이 되어야 한다. 하루하루는 그 빛으로 인해 새날을 이룬다.

추석날 아침이다.

자신에게 알맞은 땅을

　며칠 전 불일암에 다녀왔다. 무덥고 지루하고 짜증스런 이 여름을 혼자서 어떻게 지내는지 궁금해 길을 떠났다. 떠나기 며칠 전부터 남쪽은 연일 폭우가 쏟아지는 날씨였다. 내려가던 그날도 폭우가 쏟아져 무시로 비상등을 깜박거리며 주행해야 했다. 그 장대비 속을 달리면서 '무슨 길 바삐 바삐 가는 나그네인가'를 두런두런 외웠다.

　다음 날은 오랜만에 맑게 갠 화창한 날씨. 이 여름철 달빛과 별을 본 지가 언제였던가 싶다. 후박나무 아래 의자를 내다 놓고 앉아 설렁거리는 바람결을 타고 모처럼 좋은 좌정의 시간을 가졌었다. 이런 맑고 투명한 시간을 누리기 위해 천릿길을 달려왔는가 싶었다.

30여 년 전 이 암자를 지을 때 손수 심어 놓은 나무들의 정정한 모습을 볼 때마다 뿌듯한 생각이 차오른다. 후박나무, 태산목, 은행나무, 굴거리와 벽오동 등이 마음껏 허공으로 뻗어 가는 그 기상이 믿음직스럽다. 사람은 늙어 가는데 나무들은 정정하게 자란다. 사람이 가고 난 뒤에도 이 나무들은 대지 위에 꿋꿋하게 서 있을 것이다. 내 마음을 전하기 위해 한 아름이 된 후박나무를 안아 주었다.

내가 강원도로 거처를 옮겨 간 후 한동안은 이곳에서 중이 된 사람들이 한두 철씩 번갈아 가면서 살았었다.

시절인연으로 몇 해 전부터 스님들 몇이서 이 도량에 살면서부터 수행도량으로서 그 면목이 새로워졌다. 이번 여름철 암주는 어찌나 부지런한지 혼자 지내면서도 도량 안팎을 쓸고 닦아 훈훈한 청정도량을 이루고 있다. 푸르름을 먹고 산다는 스님은 환희심으로 충만해 있다.

세상살이에 마음이 심란해 절을 찾은 사람들이 맑게 정리된 도량을 보고 마음이 안정돼 내려가면서, 이에 대한 고마움을 전하기 위해 쪽지를 남기는 경우도 있다.

우리들 생활환경은 본래부터 그렇게 되어 있는 것이 아니라 그 안에 사는 사람의 마음이 그대로 드러난 것이다. 겉을 보면 속을 안다는 말은 이를 가리키고 있다.

안거가 시작되는 결제날[4], 홀로 지내는 암주에게 이런 사연을 보냈다.

〈장로게〉[5]에서 한 수행자는 이와 같이 읊었습니다.

> 홀로 있는 수행자는 범천梵天과 같고,
> 둘이서 함께라면 두 사람의 신神과 같으며,
> 셋이면 마을 집과 같고,
> 그 이상이면 장바닥이다.

올 여름 범천이 기뻐할 안거 이루기를. 날마다 새롭게 시작하기를. 부디 청청靑靑 하시오.

수행자는 무엇보다도 안팎으로 밝게 살아야 한다. 그래야만 그 밝음이 이웃에게 그대로 전해진다. 만약 수행자가 어둡고 음울하다면 그 어둡고 음울함을 털어 버리는 일을 제1과제로 삼아야 한다. 수행자는 앞뒤가 훤칠하게 툭툭 터져야 한다. 그래야 그 안에 티끌이 쌓이지 않는다. 그 맑고 투명함이 이웃에게 그대로 비췬다.

사람은 이 세상에 올 때 하나의 씨앗을 지니고 온다. 그

씨앗을 제대로 움트게 하려면 자신에게 알맞은 땅(도량)을 만나야 한다. 당신은 지금 어떤 땅에서 어떤 삶을 이루고 있는지 순간순간 물어야 한다.

삶의 기술

한 제자가 스승에게 물었다.

"죽고 나면 어떤 일이 벌어집니까?"

스승의 대답.

"시간 낭비하지 말라. 네가 숨이 멎어 무덤 속에 들어가거든 그때 가서 실컷 죽음에 대해서 생각해 보거라. 왜 지금 삶을 제쳐 두고 죽음에 신경을 쓰는가. 일어날 것은 어차피 일어나게 마련이다."

우리는 참으로 소중한 것은 배우지 못하고 어리석은 것들만 배워 왔다. 우리에게 가장 소중한 것은 지금 이곳에서 깨어 있음이다. 삶의 기술이란 개개인이 자신의 삶에 대해서 깨어 있는 관심이다.

진정한 스승은 제자를 자신의 추종자로 만들지 않고 제자 스스로 설 수 있는 자주적인 인간으로 만든다.

신앙생활을 하는 사람은 출가, 재가를 물을 것 없이 무엇보다도 먼저 자비를 배우고 익혀야 한다. 관념적이고 추상적인 회색의 이론에서 벗어나 순간순간 구체적인 삶을 이루어야 한다. 구체적인 삶이란 더 말할 것도 없이 이웃과 나누는 일이다. 이 나눔은 수직적인 베풂이 아니라 수평적인 주고받음이다.

흔히들 깨달은 다음에 자비를 행하는 것으로 잘못 알기 쉬운데, 자비의 충만이 곧 깨달음에 이르는 길임을 알아야 한다. 그래서 옛 스승들도 처음 발심한 수행자에게 먼저 보리심(자비심)을 발하라고 가르친다. 자비심이 곧 부처의 마음이기 때문에, 부처를 이루고자 한다면 자비심이 선행되어야 한다는 소식이다.

자비를 배우고 익히지 않으면 나눔의 기쁨을 알 수 없다. 자비를 모르는 사람은 주는 기쁨을 알지 못한다. 이웃에게 머뭇거리지 않고 선뜻 나누어 줄 수 있을 때, 타인에 대한 적개심에서 자유로워질 수 있다.

어디선가 전해 들은 이야기가 떠오른다. 그의 차가 막 교

차로에 진입하고 있었다. 그런데 그는 한눈을 파느라고 브레이크를 제때에 밟지 못해 그만 앞차의 뒤를 들이받고 말았다. 앞차에는 '신혼부부'라는 쪽지가 붙어 있었다.

앞차의 범퍼가 살짝 긁힌 가벼운 사고였지만, 그는 차에서 내려 신혼부부에게 정중히 사과했다.

그러자 이제 막 결혼식을 끝낸 신랑이 창문을 열고 웃으며 말했다.

"괜찮습니다. 흔히 있는 일인데요."

이해심, '흔히 있는 일인데요'라는 이 이해심. 사랑이란 깊은 이해심이다.

이제 한 여자와 한 남자를 만나 결혼을 한 이상, 어떤 사고에도 만반의 대비가 되어 있어야 한다. 인간사에서 가장 큰 사고(결혼)가 이미 일어났는데, 그 밖의 다른 것이야 모두 경미한 접촉사고에 불과할 것이다.

무더운 여름이 가고 초가을 바람이 불어오면 결혼을 한다고 알려 온 김 군에게 이 이야기를 들려주고 싶다. 결혼생활이란 끝없는 인내와 깊은 이해심이 받쳐 주어야 한다는 사실을 명심하기 바란다.

모든 것은 끊임없이 흐르고 변한다. 사물을 보는 눈도 때에 따라 바뀐다. 정지해 있는 것은 아무것도 없다. 같은 강물에 발을 두 번 담글 수 없다는 까닭이 여기에 있다. 그러기 때문에 집착할 게 아무것도 없다. 삶은 유희와 같다.

행복할 때는 행복에 매달리지 말라. 불행할 때는 이를 피하려고 하지 말고 그냥 받아들이라. 그러면서 자신의 삶을 순간순간 지켜보라. 맑은 정신으로 지켜보라.

삶의 비참함은 죽는다는 사실보다도 살아 있는 동안 우리 내부에서 무언가 죽어간
다는 사실에 있다. 자신을 삶의 변두리가 아닌 중심에 두면 어떤 환경이나 상황에
도 크게 흔들림이 없을 것이다. 모든 것을 담담하게 받아들일 수 있는 삶의 지혜와
따뜻한 가슴을 지녀야 한다.

놓아두고
가기

놓아두고 가기

내 지갑에는 자동차 운전면허증과 도로공사에서 발행한 고속도로 카드와 종이쪽에 적힌 몇 군데 전화번호 그리고 약간의 지폐가 들어 있다. 또 올해의 행동지침으로 적어 놓은 초록빛 스티커가 붙어 있다.

연초에 밝힌 바 있듯이 금년의 내 행동지침은 이것이다.

첫째, 과속 문화에서 탈피

둘째, 아낌없이 나누기

셋째, 보다 따뜻하고 친절하기

그런데 최근에 와서 한 가지를 더 추가하기로 했다.

넷째, 놓아두고 가기

그 사연은 다음과 같다.

여름 안거 결제날. 우리들 영혼의 스승 조주 선사의 가풍을 이야기한 끝에 여러 대중 앞에서 내 결심을 밝혔다. 길상사를 드나들면서 나는 너무나 많은 것을 얻어 간다. 그때마다 마음이 개운치 않고 아주 무겁다.

말로는 무소유를 떠벌이면서 얻어 가는 것이 너무 많아 부끄럽고 아주 부담스러웠다. 늙은 중이 욕심 사납게 주는 대로 꾸역꾸역 가지고 가는 꼴을 이만치서 바라보고 있으면 한심스럽기 짝이 없다.

지난 초파일 밤, 음악회를 등지고 빗속을 달려오면서 현재 나 자신의 살림살이를 냉엄하게 살펴보았다. 나는 지금 나 자신답게 살고 있는가? 자기관리를 제대로 하고 있는가? 출가수행자의 분수를 지키고 있는가?

혼자서 살고 있는 사람은 시시로 자신의 삶을 되돌아볼 수 있어야 한다. 밖에서 간섭할 사람이 없기 때문에 자신의 삶을 자기 자신이 만들어 가야 한다.

누가 되었건 개인이 수용할 수 있는 것은 한계가 있다. 음식물이 되었건 그 밖의 일상용품이 되었건 개인이 쓸 수 있는 것은 지극히 제한되어 있다.

15년 가까이 그 고장에 살다 보니 이웃이 몇 집 생겼다. 주로 오두막에 일이 있을 때 불러다 쓰는 일꾼들이다. 얻어

온 물건을 묵혀 두면 변질이 되기 때문에 그때그때 3, 40리 밖에 있는 일꾼들 집을 찾아가 두고 온다. 집을 비우고 일을 나가기 때문에 개들만 집을 지킨다. 사람은 만나지 못하고 개가 보는 앞에서 물건을 두고 와야 한다.

'아낌없이 나누기'의 행동지침이 요즘에 와서는 조금씩 그 빛이 바래져 가는 것 같다. 한마디로 이런 일이 이제는 지겹게 느껴진다는 소리다.

그날 법회에 모인 여러 불자들 앞에서 그런 말을 한 것은 보다 간소하고 단순하게 살려는 내 중노릇을 도와 달라는 뜻에서였다. 오늘부터 내 차에는 아무것도 싣지 않겠다고 다짐한 것도 그런 뜻에서였다.

공덕으로 따진다면, 어떤 한 사람에게 하는 보시나 공양보다는 여러 대중에게 하는 것이 훨씬 크다. 왜냐하면 대중공양이 곧 제불공양, 여러 부처님께 올리는 공양이나 다름이 없기 때문이다. 나는 대중의 한 사람으로 그중 한 몫을 받으면 된다.

올여름 일이 있어 길상사에 나갈 때는 내 손으로 가꾼 상추를 뜯어 가지고 간다. 혼자서는 자라 오르는 채소를 감당할 수도 없거니와 대중과 함께 공양하기 위해서다. 여럿이서 함께 먹고 있으면 혼자서 먹을 때보다 훨씬 더 맛이 있고 즐겁다.

놓아두고 가기!

때가 되면, 삶의 종점인 섣달 그믐날이 되면, 누구나 자신이 지녔던 것을 모두 놓아두고 가게 마련이다. 우리는 빈손으로 왔다가 빈손으로 가는 나그네이기 때문이다. 미리부터 이런 연습을 해 두면 떠나는 길이 훨씬 홀가분할 것이다.

모든 것은 서로 연결되어 있다

예년 같으면 5월에 내리는 고랭지의 서리가 두려워 채소 모종을 6월에 들어서 심곤 했었다. 그러나 올해는 과감하게 5월 초순에 심었다. 지구 온난화를 예상해서였다. 간밤(5월 18일)에 우박이 좀 내리긴 했지만 아침에 나가 보았더니 모종들은 말짱했다.

고추 모종 두 판(여섯 두렁), 상추 모종 한 판(두 두렁), 오이 한 두렁 그리고 가지와 호박을 심었다. 두어 해 삯일꾼에게 부탁해서 채소 모종을 사다 심었는데, 고추는 너무 매워서 먹을 수가 없었고 그 밖의 채소도 내 식성에는 맞지 않아 별로였다. 그래서 금년에는 일부러 양재동 꽃시장에 가서 손수 모종을 골라 심었다.

요즘 나는 무럭무럭 자라 오르는 채소를 가꾸는 재미를 누리고 있다. 며칠 전부터는 상추를 뜯어 먹는다. 사실 채소 농사는 먹는 것보다 기르는 재미에 있다. 아침에 채소밭 머리에 서서 생기에 가득 찬 채소들을 보고 있으면 가슴이 따뜻해진다.

그런데 몇 해 전부터 나무에 꽃은 피어도 열매를 맺지 못하는 기현상을 지켜보면서 생태계의 위기를 실감하고 있다. 언젠가 들으니 현재 지구상에서 벌이 40퍼센트나 소멸되어 양봉 농가들이 울상이라고 했다. 일부 전문가들의 견해에 따르면 그 원인이 휴대전화의 전자파 때문이라는 것이다. 벌이 이 지구상에서 소멸되면 식물도 그만큼 소멸된다. 촉매작용을 할 수 있는 벌이 없기 때문이다. 결과적으로 인간의 삶에도 그만큼 위협이 따른다.

오두막 둘레에 있는 예닐곱 그루의 산자두와 돌배나무가 꽃은 무성하게 피우면서도 열매가 열리지 않는 현상이 지난 5, 6년 전부터 뚜렷이 나타나고 있다. 두려운 일이다.

산골에서는 전자파보다는 고랭지의 밭에 수없이 뿌려 대는 독한 농약 때문에 벌들이 사라져 가는 것은 아닌지 모르겠다.

모든 생물은 유기적으로 연결되어 있어 서로 영향을 주

고받는다. 자연의 아름다움과 그 놀라운 신비를 알아차리게 되면 거기에 의지해 살고 있는 생명체를 함부로 대할 수 없을 것이다. 그러나 돈과 경제에 눈이 멀면 상관관계에 얽혀 있는 자연의 가르침을 듣지 못한다.

이와 같은 현상은 식물계에만 한정되지 않고 새나 짐승들에게도 닥치고 있다. 남쪽에서 봄이면 맨 먼저 쇠찌르레기 소리가 잠든 숲을 깨우곤 했는데 몇 해 전부터 그 소리를 들을 수 없다. '히요이, 호이, 호이, 호이' 하고 매끄럽게 우는 삼광조도 사라지고 안 보인다. 몸은 제비처럼 생기고 꼬리의 길이가 몸의 세 배쯤 되는 날렵하고 아름다운 새다. 그리고 부리와 다리는 선명한 붉은색이고 머리 꼭대기서부터 꼬리까지는 적갈색을 띤 호반새, '쿄로로로로' 하며 길게 우는 이 호반새도 찾아오지 않는다. 개울가에서 고기를 채가는 물총새도 사라진 지 오래다.

독한 농약을 마구 뿌려 대기 때문에 자연의 일부인 새들이 이 땅을 떠나고 있다. 다양한 생물종이 소멸되고 있다. 제철이 되어도 새들이 찾아오지 않는 땅은 결코 온전한 땅이 아니다. 문득 레이첼 카슨의 '침묵의 봄'[6]이 연상된다. 두렵고 두려운 일이다.

환경 호르몬 때문에 젊은이들 사이에 불임이 늘어 간다

는 말을 들은 지 오래인데, 요즘은 소도 사람을 닮아 가는지 암소가 송아지를 낳으려면 암수끼리 접촉을 하는 것이 아니라 수의사가 암소네 집을 방문하여 인공수정을 하고 가는 현실이다.

그 누구도 아닌 우리들 자신이 이런 세상을 만들어 왔다는 것을 깊이깊이 각성해야 한다. 모든 것은 서로 연결되어 있다.

약한 것이 강한 것에 먹히는 세상에서

지난밤에는 안골짝에서 고라니 우는 소리에 몇 번인가 잠에서 깨어났다. 무슨 일로 한밤중에 거센 목청으로 그리 우는지 알 수 없었다. 혹시 자기 짝을 찾아서 그러는지, 어미를 잃은 새끼가 어미 생각을 하느라 그러는지 알 수 없었다.

집 안으로 들어오는 수도를 다시 이어 놓기 위해 얼음이 풀린 수원지 쪽으로 올라가다가 길섶에 죽어 있는 고라니를 보고 섬뜩 놀란 적이 있다. 분명 고라니보다 사나운 짐승이 반쯤 뜯어먹은 자취가 남아 있었다. 그곳에 독수리가 붙어 있다가 인기척을 듣고 훌쩍 날아올랐다.

몇 해 전 눈이 많이 내린 겨울에도 이런 일이 있었다. 그

때는 뼈만 해골처럼 앙상하게 남겨진 동물의 섬뜩한 모습을 보고 나는 온몸에 소름이 끼쳤다. 깊은 산중에는 이와 같이 약한 것이 강한 것에 먹히는 생존경쟁의 치열함이 이어지고 있다.

겉으로 보기에는 아무 일도 없이 평온하기만 한 숲 속에서 이런 약육강식이 진행되고 있다는 사실에 대자연의 속얼굴이 들여다보인다. 그 드러난 형태만 다르지 사람들이 얽혀 사는 인간사회에도 약육강식은 엄연히 존재한다. 우리가 지금까지 먹히지 않고 아직 살아남아 있다는 사실이 조금은 새삼스럽게 여겨진다.

농경사회와 산업사회의 약육강식을 비교하면 산업사회 쪽이 훨씬 치열하다. 농경사회는 서로 도와 가면서 살아야 하는 이웃이 있어 인간적인 여백이 두텁다. 그러나 산업사회는 서로 밟고 일어서야 하는 치열한 경쟁으로 인해 비정하고 살벌하다.

농부 철학자 피에르 라비[7]가 부족들로부터 직접 전해 들은 이른바 미개사회의 가치의식에 대한 몇 가지 일화는 오늘 우리에게 시사하는 바가 크다.

화학제품을 만드는 회사가 아프리카 어느 부족의 농부들에게 비료를 갖다주었다. 농부들이 처음 본 그 비료를 밭에 뿌렸더니 전에 없던 풍작이었다. 농부들은 그 부족의 지혜로운 눈먼 추장을 찾아가 말했다.

"우리는 작년보다 두 배나 많은 곡식을 거두었습니다."

추장은 잠시 생각에 잠겨 있다가 농부들에게 이렇게 말했다.

"나의 아이들아, 매우 좋은 일이다. 내년에는 밭의 절반만을 갈아라."

그들은 사는 데 무엇이 필요한지를 잘 알고 있었다. 그들은 필요 이상의 것은 원치 않았다.

다음 이야기는 콜롬비아에서 일어난 일이다. 원주민인 인디언들이 보잘것없는 도구로 나무를 자르고 있었다. 유럽에서 이주해 온 백인들은 이 광경을 목격하고 나무를 단번에 쓰러뜨릴 수 있는 큰 도끼를 하나 보내 주었다. 다음 해에 원주민들이 그 도끼를 어떻게 쓰고 있는지 보기 위해 다시 그 마을을 찾았다. 그들이 도착하자 마을 사람들은 얼굴 가득 미소를 머금고 그들을 에워쌌다.

그때 추장이 다가와 말했다.

"우리는 당신들에게 고마움을 어떻게 다 표현해야 할지 모르겠다. 당신들이 이 도끼를 보내 준 다음부터 우리는 더 많은 휴식을 누릴 수 있었다."

인디언들은 빨리 일을 끝내고 자유로운 시간을 더 많이 갖게 된 것에 크게 만족하고 있었다. 백인들은 자기네처럼 그들이 더 많이 갖기 위해 더 많은 일을 했을 거라고 생각했던 것이다.

모자랄까 봐 미리 준비해 쌓아 두는 그 마음이 곧 결핍 아니겠는가. 그들은 그날그날의 삶을 즐길 줄 알았다. 세상을 살아가는 데 무엇이 필요한지를 잘 알고 있었다. 필요 이상의 것을 그들은 원치 않았다.

때깔 고운 도자기를 보면

　겨울 안거를 마친 바로 그 다음 날, 남쪽에 내려가 열흘 남짓 이곳저곳을 어정거리며 바람을 쏘이다 왔다. 변덕스런 날씨 때문에 꽃이 필 만하면 갑자기 추위가 닥쳐 겨우 피어난 꽃에도 꽃다운 생기가 없었다. 매화도 그렇고 수선도 그랬다.

　풋중 시절부터 나는 안거가 끝나고 해제가 시작되는 바로 그날 누가 어디서 기다리는 것도 아닌데 일찍 길 떠나기를 좋아했다. 미적미적 미루다가 김이 빠져나간 후에 길을 떠나면 나그넷길의 그 신선감이 소멸되고 만다.

　선원에 다니던 시절에는 후원에서 미리 아침공양을 대충 때우고 첫차를 타기 위해 걸망을 메고 동구길을 휘적휘적

나서면 새벽달이 숲길을 훤히 비춰 주었다. 이 또한 해제의 일미一味다. 만일 첫차가 아니고 두 번째 차편이나 밝은 대낮에 길을 떠나면 해제의 그 맛이 시들해진다.

남쪽에서 꽃을 만나고 돌아오니 이곳은 갑작스런 폭설이 내렸다. 기상 용어로 '북동기류의 영향'으로 이름 그대로 춘설이 난분분했다. 꽃 대신 설경산수를 펼쳐 보인 것이다. 오랜만에 나무마다 소복소복 쌓인 눈이 포근한 봄기운을 느끼게 한다. 얼어붙었던 개울도 가장자리만 남기고 녹아 흐르는 물소리가 덕지덕지 쌓인 겨울의 찌꺼기들을 씻어 내는 것 같다.

한바탕 쓸고 닦아 낸 후 지고 온 짐을 풀었다. 새로 가져온 오지 물병을 창문 아래 놓아두고 벽에 기댄 채 이만치서 바라보고 있으니 내 안에서도 봄기운이 움트는 것 같았다. 이 오지 물병은 목이 길어 학처럼 늘씬한 몸매다. 자꾸만 눈길이 간다.

보성 미력옹기의 이학수 님이 나를 위해 빚어 준 것인데 그 사연은 이렇다. 작년 가을 불일암에 사는 스님들과 함께 보성 차밭에 가는 길에 미력옹기에 들렀었다. 스님들은 이것저것 소용될 그릇들을 고르고 나는 찻물을 담기 위한 물병을 하나 골랐었다. 그릇은 마음에 들었지만 그 용량이 적은 게 아쉬웠다. 이런 뜻을 알고 주인이 나를 위해 좀 큰 것으로 만들어 주겠다고 했다.

이번에 들렀더니 비슷비슷하게 만든 두 개를 내주며 다 가져가라고 했다. 그러나 나는 그중 작년에 구해 온 것과 같은 형태의 것 하나만을 골랐다. 두 개를 갖게 되면 하나만을 지녔을 때의 그 풋풋함과 살뜰함이 소멸되고 만다. 이것은 내 지론이다. 어떻게 두 개를 똑같이 사랑할 수 있겠는가.

내 독자이기도 한 주인에게 부끄럽지만 그 자리에서 내 심경을 솔직히 털어놓았다. 요즘에 이르러 이것저것 세속적인 욕심은 어느 정도 빠져나간 것 같은데, 때깔이 고운 그릇을 보면 아직도 곁에 두고 싶은 생각이 인다고. 함께 웃었다.

이런 내 '욕심'은 얼마 전 곤지암의 보원요에서도 발휘되었다. 이따금 보원요에 들르면 지헌 님은 쌀과 콩, 무, 김치 등 오두막에 소용될 것들을 이것저것 챙겨 주어 그때마다 염치없다는 생각이 들었다. 그날도 대청마루에 놓인 그릇들을 보다가 단정하게 빚은 다완을 매만져 보았더니 주인은 내 마음을 읽고 선뜻 싸서 주었다. 말차 다완으로 두어 번 쓰다가 초를 넣어 불단을 밝혔더니 은은한 그 불빛이 부처님 모습과 매우 잘 어울렸다.

가끔 이당도예원에 들를 때도 이런 내 욕심은 멈추지 않는다. 한번은 오래전에 만들어 작업실 한쪽에 먼지를 뒤집어쓰고 있는 필통에 눈길이 닿자 먼지를 털어 얻어 오기도 했다.

언젠가는 때깔이 고운 도자기 앞에서도 욕심을 부리지 않고 무심해질 수 있을 것이다. 그때는 아마 내 삶도 탄력이 느슨해질 것이다.

우물쭈물하다가는

며칠 전 길상사에 나갔더니 내게 온 우편물 속에 '노인 교통수당 안내문'이 들어 있었다. 내용은 이렇다.

"노인 복지법 제26조(경로 우대)에 의거 만 65세 이상의 노인에게는 일정액의 교통수당을 정기적으로 지급하고 있습니다. 귀하도 주민등록상 만 65세가 되어 교통수당 지급 대상자임을 알려드리오니 아래 기간 중에 교통수당 지급신청서를 제출하여 주시기 바랍니다(교통수당은 신청자에 한하여 지급함)."

서울특별시 성북구 성북2동장 명의로 된 이 안내문을 펼쳐 보고 나는 기분이 아주 미묘했다. 성북2동은 연락상 편리해서 옮겨 놓은 길상사의 내 주소지다.

평소 나이를 의식하지 않고 지내다가 이런 안내문을 받아 볼 때면 나는 새삼스레 움찔 놀란다. 어느덧 세월의 뒷모습이 저만치 빠져나간 것이다. 문득 영국의 극작가 버나드 쇼[8]의 묘비명이 떠올랐다.

"우물쭈물하다가 내 이럴 줄 알았다."

자신의 묘비명에 남기고 싶은 말도 많았을 텐데 그는 덧없는 인간사를 이렇듯 솔직하게 털어놓은 것이다.

그 어떤 남기는 말보다도 진솔하고 울림이 크다. 누구나 삶의 종점에 이르면 허세를 벗어 버리고 알몸을 드러내듯 솔직해질 것이다. 하루하루, 순간순간을 우물쭈물하면서 세월을 헛되이 보내고 있는 우리들에게 경종을 울려 주는 묘비명이다.

물론 나는 그 교통수당 지급신청서를 휴지통에 버렸다. 그렇지 않아도 시주의 무거운 은혜 속에 살아온 처지에 국민의 혈세까지 축내게 할 수는 없었다.

겨울 거처가 산자락에 단칸방으로 된 홑집이라 세상은 몇 년 만의 따뜻한 겨울이라고들 하지만 내게는 코가 시리고 귀가 시린 그런 겨울이었다. 서까래가 드러난 높은 천장에다 양쪽 문이 홑문이므로 새벽녘이면 방한장비 총동원령

이 내려졌다. 어서어서 개울에 얼음이 풀리기만을 꽃소식처럼 기다리는 요즘이다.

서양에서 수도원다운 수도원을 최초로 세운 성 베네딕도[9]의 〈수도 규칙〉을 지난겨울 이 거처에서 다시 펼쳐 보면서 많은 위로와 각성의 기회를 가졌다.

15년 전 로마에 들렀을 때 장익 주교님의 친절한 배려로 베네딕도 성인이 초기에 3년간 은수생활을 한 수비아꼬에 있는 '거룩한 동굴'을 찾았던 때의 감회가 새로웠다.

외부인이 접근하기 어려운 가파른 절벽 가운데 있는 동굴인데, 주위 환경이 마치 우리나라의 산천 경관과 아주 비슷했다. 앞은 천 길 낭떠러지인 깊은 골짝에 큰 개울물이 흐르고 개울 건너에는 든든하고 덕스런 산이 있다. 그 분은 한 수도자하고만 접촉을 가졌는데, 그것도 밧줄에 바구니를 달아 빵을 전해 주는 간접적인 접촉이었다.

성 베네딕도는 뒷날 몬떼 까시노에 수도원을 세워 보다 나은 공동생활을 위한 규칙을 만들었다. 그중에 몇 가지를 추려 생활의 지침으로 삼았으면 한다.

세상의 흐름에 휩쓸리지 말라.
분노를 행동으로 옮기지 말라.

자신의 행동을 항상 살피라.

하느님이 어디서나 우리를 지켜보고 계신다는 것을 확실히 믿어라.

말을 많이 하지 말라.

공허한 말, 남을 웃기려는 말을 하지 말라.

다툼이 있었으면 해가 지기 전에 바로 화해하라.

홀로 걸으라, 행복한 이여

산중에 살면서 가까이 대할 수 있는 것은 다른 것보다도 우선 책이다. 홀로 지내면서도 무료하거나 적적하지 않은 것은 좋은 친구인 책들이 내 둘레에 있기 때문이다. 좋은 책은 나에게 삶의 기쁨과 생기를 불러일으킨다. 그리고 나를 안으로 여물게 한다.

그러나 시시한 책은 속물들과 시시덕거리는 것 같아서 이내 밀쳐 낸다. 내 귀중한 시간과 기운을 부질없는 일에 소모하는 것은 나 자신에 대한 결례로 여겨지기 때문이다.

금년부터는 세상에 쏟아져 나온 그 많은 책들을 엄밀하게 골라 읽기로 했다. 말을 달리하자면 친구를 사귀더라도 진솔하고 알찬 사람들과 사귀고 싶다는 표현이다.

그전에 읽다가 접어 둔 비노바 바베[10]의 〈바가바드기타〉[11] 강론 〈천상의 노래〉를 다시 펼쳐 들었다. 마하트마 간디의 충직하고 헌신적인 제자인 그가 감옥에 수감되었을 때, 같은 동료들의 요청으로 〈바가바드기타〉를 강론하게 되었다. 그는 영국의 식민통치 아래서 모두 합쳐 5년 동안을 각기 다른 감옥에서 지내면서 많은 공부를 했다.

〈천상의 노래〉를 읽고 있던 중인데, 어느 날 춘천에 계신 장익 주교님께서 새해 편지와 함께 비노바 바베의 사진 명상집 〈홀로 걸으라, 그대 가장 행복한 이여〉를 보내 주셨다. 주교님 뵈온 지도 오래인데 마치 주교님을 만난 듯 아주 반갑고 고마운 선물이었다.

나는 요즘 〈천상의 노래〉에 귀를 기울이면서 눈으로는 비노바 바베의 생애를 사진으로 음미하는 아주 신선한 시간을 맞이하고 있다.

그의 유명한 '부단운동(토지헌납운동)'의 발단은 이렇게 시작된다.

어느 날 한 시골 마을의 하리잔(소위 불가촉천민)들이 찾아왔다. 그들은 조그만 땅이라도 얻을 수 있다면 그곳에서 일하며 여생을 보내겠다고 했다. 비노바는 탄원서를 제출하면 주정부에 전달해 주겠다고 나선다. 그때 그 자리에 있던 한 사람이 자신의 땅 100에이커를 내놓겠다고 했다. 순간 비노바의 마음속에 섬광처럼 영감이 떠오른다. 그는 그날 밤 내내 잠을 이루지 못한다. 그 일은 기적인가? 아니면 더 깊은 의미를 지니고 있지는 않은가? 그는 우주에 펼쳐져 있는 힘이 무엇인가 새로운 것을 준비하고 있음을 깨닫는다. 그것은 하나의 계시였다. 다음 날 그는 다른 마을로 가서 자신감을 가지고 땅의 헌납을 요구한다.

"나는 굶어 죽어 가는, 가난한 자의 모습을 하고 오신 신을 당신네 가족으로 대해 주기를 바랍니다. 만약 당신의 가족이 넷이라면 그를 다섯번째 가족으로 여기고, 당신의 땅 5분의 1만 내게 주시오. 땅이 없는 사람들과 함께 나눌 수 있도록요."

그는 인도 전역을 걸어 다니면서 지주들을 설득하여 4백만 에이커의 토지를 헌납받아 땅이 없어 굶주리는 사람들에게 나누어 주어 온 세계를 감동시켰다. 간디는 일찍이 그를 가리켜 '인도가 독립되는 날 인도의 국기를 맨 처음 게양할 사람'이라고 칭찬한 바 있다. 비노바 바베의 생애는 암담한 인류사회에 희망과 영감을 불러일으킨다.

그는 항상 다음과 같은 만트라(진언)를 반복한다.

"공기와 물과 햇빛처럼 땅 또한 신의 선물이다. 모든 사람이 그 땅에 대해 공평한 권리를 가져야 한다."

세상에 책은 돌자갈처럼 흔하다. 그 돌자갈 속에서 보석을 찾아야 한다. 그 보석을 만나야 자신을 보다 깊게 만들 수 있다.

과속 문화에서 벗어나기

한 해가 저무는 길목에서 지나온 날들을 되돌아본다. 무
엇을 위해 살았는지, 어떻게 살아왔는지, 과연 나 자신답게
살아왔는지를 묻는다. 잘 산 한 해였노라고 선뜻 대답하기
어렵다. 많은 이웃들로부터 입은 은혜에 대해 나는 얼마만
큼 보답을 했는지 되돌아보면 적잖은 빚을 지고 있다는 느
낌이다.

우리가 살아온 날들을 보다 구체적으로 말한다면, 그때
그때 만나는 이웃들을 어떻게 대했느냐로 집약될 수 있다.
따뜻하고 친절하게 맞이했는지 아니면 건성으로 스치고 지
나왔는지 반성한다. 지난 한 해의 삶을 몇 점으로 매길 것
인지 헤아린다.

그러나 이미 지나간 날들을 두고 후회하는 것은 부질없는 일이다. 그것은 앞으로 살아갈 일을 새롭게 다지는 것만 못하다. 새해부터는 내 나쁜 버릇을 고치도록 노력하고자 한다.

첫째, 우리 시대의 고질병인 과속 문화로부터 벗어나려고 한다. 성급하게 달려가려는 잘못된 버릇부터 고친다. 남보다 앞질러 가는 것은 결코 바람직한 일이 못 된다. 흐름을 함께 이룰 수 있어야 한다.

요즘 우리는 남의 말에 귀 기울이기보다는 자기 말만을 내세우려고 한다. 언어의 겸손을 상실한 것이다. 잘 들을 줄 모르는 사람과는 좋은 만남을 갖기 어렵다. 다른 사람에게도 말할 기회를 주어야 한다. 이 또한 과속에서 온 나쁜 습관이다.

슈퍼마켓의 계산대 앞에 늘어선 줄을 보고 짜증을 내는 것도 조급하고 성급한 과속 문화에서 온 병폐다. 자기 차례를 참고 기다릴 줄 알아야 그 안에서 시간의 향기를 누릴 수 있다. 시간에 쫓기지 않고 현재 자신의 삶을 맑은 눈으로 지켜볼 수 있어야 한다.

어떤 수행자는 많은 일을 하면서도 한결같은 모습을 유지한다. 사람들이 어떻게 그럴 수 있느냐고 물으면 이와 같이 대답한다.

"나는 서 있을 때는 서 있고, 걸을 때는 걷고, 앉아 있을 때는 앉아 있고, 음식을 먹을 때는 그저 먹는답니다."

"그건 우리도 하는데요."라고 질문자가 대꾸하자 그는 다시 말을 이었다.

"아니지요, 당신들은 앉아 있을 때는 벌써 서 있고, 서 있을 때는 벌써 걸어갑니다. 걸어갈 때는 이미 목적지에 가 있고요."

오늘의 성급하고 조급해하는 과속 문화의 병폐를 드러낸 이야기다.

둘째, 내가 지니고 있는 것들을 아낌없이 나누는 일에 보다 적극성을 띠려고 한다. 내가 한때 맡아 가지고 있는 것들을 새 주인에게 돌려주어야 한다. 왜냐하면 원천적으로 내 것이란 없기 때문이다. 따지고 보면 이 몸도 내 것이 아닌데 그 밖의 것이야 더 말할 게 있겠는가.

셋째, 만나는 사람들에게 보다 따뜻하고 친절하게 대할 것을 거듭거듭 다짐한다. 내가 살아오면서 이웃으로부터 받은 따뜻함과 친절을 내 안에 묵혀 둔다면 그 또한 빚이 될 것이다. 그리고 뭣보다도 내 괴팍하고 인정머리 없는 성미 때문에 많은 사람들에게 끼친 서운함과 상처를 보상하기 위해서라도 더욱 따뜻하고 친절하게 대해야 한다.

　어느 날 내가 누군가를 만나게 된다면 그 사람이 나를 만난 다음에는 사는 일이 더 즐겁고 행복해져야 한다. 그래야 그 사람을 만난 내 삶도 그만큼 성숙해지고 풍요로워질 것이다.

　명심하고 명심할 일이다.

알을 깨고 나온 새처럼

새해 달력을 보니 지나온 한 해가 묵은 세월로 빠져나가려고 한다. 무슨 일을 하면서 또 한 해를 소모해 버렸는지 새삼스레 묻는다. 그러다가 문득 내 남은 세월의 잔고는 얼마나 될까 하는 생각에 정신이 번쩍 든다. 누구나 나이가 들면 이런 경험을 하게 될 것이다.

그러나 삶은 과거나 미래에 있지 않고 바로 지금 이 자리에서 이렇게 살고 있음을 잊지 말아야 한다. 삶의 비참함은 죽는다는 사실보다도 살아 있는 동안 우리 내부에서 무언가 죽어간다는 사실에 있다. 가령 꽃이나 달을 보고도 반길 줄 모르는 무뎌진 감성, 저녁노을 앞에서 지나온 자신의 삶을 되돌아볼 줄 모르는 무감각, 넋을 잃고 텔레비전 앞에서 허물어져 가는 일상 등, 이런 현상이 곧 죽음에 한 걸음씩 다가섬이다.

저물어 가는 이 가을, 한 친지로부터 반가운 사연을 받았다. 지난여름 20년 가까이 살던 집에서 새집으로 이사를 했는데 오랫동안 꿈꾸어 오던 '혼자만의 공간'을 마련했다고 알려 왔다. 언제라도 혼자일 수 있는 텅 빈 공간을…….

그 공간의 이름을 '도솔암'이라고 했단다. 도솔은 도솔천에서 온 말인데 그 뜻은 지족천知足天. 그러므로 만족할 줄 알고 살면 그 자리가 곧 최상의 안락한 세계라는 뜻이다. 온갖 얽힘에서 벗어나 알을 깨고 나온 새처럼 훨훨 날 수 있다면 그곳이 곧 도솔암의 존재 의미일 것이다.

누구나 인생의 황혼기에 접어들면 그런 소원을 이룰 수 있어야 한다. 한 인간으로서 가정적인 의무나 사회적인 역할을 할 만큼 했으면 이제는 자기 자신을 위해 남은 세월을 활용할 줄 알아야 한다. 어차피 인간사란 앞서거니 뒤서거니 하면서 홀로 남게 마련이다. 이 세상에 올 때도 홀로 왔듯이 언젠가는 혼자서 먼 길을 떠나지 않을 수 없다. 이것이 엄연한 삶의 길이고 덧없는 인생사이다.

사람은 나이가 들수록 보다 성숙해져야 한다. 나이 들어서도 젊은 시절이나 다름없이 생활의 도구인 물건에 얽매이거나 욕심을 부린다면 그의 인생은 추하다. 어떤 물질이나 관계 속에서도 그 소용돌이에 휘말리지 않고 적당한 거리를 두고 바라보며 즐길 수도 있어야 한다. 자신을 삶의 변두리가 아닌 중심에 두면 어떤 환경이나 상황에도 크게 흔들림이 없을 것이다. 모든 것을 담담하게 받아들일 수 있는 삶의 지혜와 따뜻한 가슴을 지녀야 한다.

인생의 황혼기는 묵은 가지에서 새롭게 피어나는 꽃일 수 있어야 한다. 이 몸은 조금씩 이지러져 가지만 마음은 샘물처럼 차오를 수 있어야 한다. 자신에게 주어진 한정된 시간을 무가치한 일에 결코 낭비하지 말아야 한다.

나이가 어리거나 많거나 간에 항상 배우고 익히면서 탐구하는 노력을 기울이지 않으면 누구나 삶에 녹이 슨다. 깨어 있고자 하는 사람은 삶의 종착점에 이를 때까지 자신을 묵혀 두지 않고 거듭거듭 새롭게 일깨워야 한다. 이런 사람은 이다음 생의 문전에 섰을 때도 당당할 것이다.

이제 나이도 들 만큼 들었으니 그만 쉬라는 이웃의 권고를 듣고 디오게네스는 이와 같이 말한다.

"내가 경기장에서 달리기를 하고 있을 때, 결승점이 가까워졌다고 해서 그만 멈추어야 하겠는가?"

디오게네스의 이 말을 나는 요즘 화두처럼 곰곰이 되뇌고 있다. 그러다 보면 결승점만이 아니라 출발점도 저만치 보인다.

옹달샘에서 달을 긷다

표고 8백에서 살다가 6백으로 내려오니 닭 우는 소리가 들린다. 아, 얼마 만에 듣는 계명성鷄鳴聲인가. 홰를 치며 새벽을 알려 주는 수탉의 울음소리가 가히 우렁차다. 새벽 3시면 어김없이 첫닭이 운다. 어떤 때는 5시에 울기도 하는데 무슨 까닭인지 알 수 없다. 어쩌면 고단한 사람들을 위해서 2시간 늦게 깨우는지도 모르겠다.

이와 같이 새벽마다 잠에서 깨어나라고 알려 주는 이 장닭 우는 소리를 듣고 몇 사람이나 깊은 잠에서 깨어날까? 닭 우는 소리는 자명종 시계 소리에 비해서 신경을 거스르게 하지 않고 훨씬 여유가 있어 좋다. 사람의 손으로 만들어 낸 소리와 자연의 소리는 이렇듯 다르다.

나는 요즘 옹달샘으로 물 길으러 가는 일에 재미를 누리고 있다. 개울물을 뜨러 가는 일보다 더 정감이 있다. 가는 길에는 솔가리가 수북이 쌓여 있어 푹신푹신한 그 감촉이 마치 카펫 위를 걷는 것 같다.

예전 시골에서는 이 솔가리를 갈퀴로 긁어 불쏘시개나 땔감으로 썼다. 장날이면 솔가리를 지게에 한 짐씩 지고 나와 팔기도 했었다. 나는 땔감보다도 눈으로 보고 발로 밟는 그 맛이 더 좋아 그대로 둔다. 나무들이 떨군 그 잎은 그 나무 아래서 삭아 거름이 되어 다시 뿌리로 돌아간다. 이것이 자연의 순환법칙이다. 생과 사의 소식도 바로 이런 데에 있을 것이다.

이 샘에서 물을 길을 때마다 문득 고려시대 이규보의 시가 연상된다.

산중에 사는 스님
달빛이 너무 좋아
물병 속에 함께
길어 담았네
방에 들어와
뒤미처 생각하고

병을 기울이니
달은 어디로
사라져 버렸네

물을 길으러 갔다가 때마침 우물에 달이 떠 있는 것을 보고 그 달을 함께 길어 담는다. 아마 청명한 가을밤이었을 것이다.

밤이 이슥하도록 글을 읽다가 출출한 김에 차라도 한 잔 마실까 해서 우물로 물을 길으러 간다. 길어 놓은 물보다 새로 길은 물이라야 차 맛이 새롭다. 차 맛은 곧 물맛에 이어지기 때문이다.

때마침 둥근달이 우물에 들어와 있는 것을 보고 바가지로 물과 함께 달을 길어 담는다. 하던 일을 마저 하다가 뒤늦게 생각이 나서 길어 온 샘물을 끓이려고 다로의 차관에 물병을 기울이니 함께 길어 온 달은 그새 어디로 새어나가고 없다.

샘물과 달과 차가 어울린 가을밤 산중의 그윽한 풍류이다. 내가 이 옹달샘의 이름을 급월정汲月井이라고 한 것도 이런 정취가 떠올랐기 때문이다.

새로 지은 귀틀집의 방이 얼마나 크냐고 누가 묻기에 두

평짜리 단칸방이라고 했다. 그 방으로 드나드는 문지방 위에 폭 한 자 너비의 선반이 내가 서서 손을 뻗칠 수 있는 높이로 걸려 있다. 그 위에 몇 권의 책과 옷을 담은 광주리가 놓여 있다. 옛 그리스의 철인 디오게네스의 통에 견준다면 궁궐인 셈이다.

나는 이 새로운 거처에서 더욱 단순해지고, 더욱 진실해지고, 더욱 순수해지고, 더욱 온화해지고, 더욱 친절해지고, 더욱 인정이 깊어지고자 노력할 것이다.

겨울 채비를 하다

요 몇 해 사이 예측할 수 없는 기후변화 때문에 산중의 겨울 살림살이에도 적잖은 변화가 있다. 눈 고장에 눈이 제대로 내리지 않고 강추위가 잇따르면 무엇보다도 식수원인 개울이 얼어붙어 물을 구할 수 없다.

혹독한 추위일지라도 눈이 내려 쌓이면 이를 보호막으로 얼음장 밑으로 물은 흐른다. 그런데 눈이 내리지 않고 강추위가 계속되면 개울이 바닥까지 얼어붙어 물을 찾을 수 없다. 작년 겨울 한동안은 얼음을 녹여 식수로 쓸 수밖에 없었다. 이런 극한상황 속에 살면 사람의 심성 또한 얼어붙어 물기가 모자란다. 이렇게 되면 사람이나 짐승이나 물을 찾아 이주해야 한다.

이 생각 저 생각 끝에 어쩔 수 없이 물이 있는 산자락으로 내려가기로 했다. 산자락이면 위태로운 빙판길을 오르내릴 일도 없을 것이다. 내 한 몸 기댈 곳에 점을 찍고 지난 봄부터 일을 시작했다. 다행히 아름드리 소나무 숲 속에 단칸집을 지을 만한 터가 있었다.

제대로 배운 목수는 아니지만 아는 일꾼의 손을 빌려 몇 번의 시행착오 끝에 귀틀집을 어렵사리 지었다.

통나무로 켜켜이 쌓아 올리고 그 틈을 진흙으로 발랐다. 단칸방이지만 좌우로 창문을 높이 내고 정면으로 밝은 들창도 달았다. 천장은 서까래가 드러나도록 높이고 지붕은 귀틀집에 어울리게 너와를 얹었다.

내가 이 집터를 선택한 이유는 뭣보다도 집 뒤에 묵은 샘이 있었기 때문이다. 예전에는 산 아래 살던 다섯 집이 이 샘물을 길어다 먹었다고 했다. 흙더미에 묻혀 있던 샘을 다시 파 보았더니 바위틈에서 맑은 물이 솟았다. 물맛도 그만하고 수량도 넉넉해서 이제 혹독한 추위에도 물 걱정은 안 해도 될 것 같다. 집 뒤로 한 30미터쯤 올라간 곳에 있는 이 고마운 샘에 이름을 지어 주고 싶어 급월정汲月井이라고 했다. 달을 길어 올리는 샘이란 뜻이다.

겨울철을 지내기 위해 지은 오두막이지만 나 혼자 살지

않고 해와 달과 함께 살자는 뜻에서 일월암日月庵이란 편액을 달았다. 밝은 집에서 밝게 살고자 한 염원에서다.

집 일을 하고 남은 헌 판자쪽이 있어 갑골 문자에서 해와 달을 빌리고 '집 암' 자는 찾을 수 없어 손수 간략하게 집의 형상을 그려 놓았다. 집 일 하던 일꾼이 무슨 글자인지 묻기에 '그림 글자'라고 일러 주며 함께 웃었다.

시절인연에 따라 겨울철에는 이 집에서 내 삶을 이어 가려고 한다. 그동안 쌓인 책을 지난여름 흩어 버린 것도 보다 간소하고 홀가분하게 살기 위해서였다.

한 수행자가 몸담아 사는 생활공간을 얼마만큼 최소화할 수 있는가를 나는 이 집에서 실험해 보고 싶다. 수행자에게 어떤 것이 본질적인 삶이고 무엇이 부수적인 삶인가를 순간순간 나 자신에게 물으려고 한다.

조선시대의 함허 득통 선사는 이렇게 읊었다.

진종일 일없이 앉았노라니
하늘이 꽃비를 뿌리는구나
내 생애에 무엇이 남아 있는가
표주박 하나 벽 위에 걸려 있네

아궁이 앞에서

절에 들어와 내게 주어진 최초의 소임은 부목負木이었다. 땔감을 담당하는 나무꾼인 셈이다. 이 소임은 행자 시절 은사께서 내게 내린 출세간의 선물이기도 하다. 당신도 절에서 맨 처음 본 소임이 부목이라고 하셨다.

1950년대 통영 미륵산에 있는 미래사는 집이 두 채뿐인 지극히 조촐한 선원이었다. 대중은 많을 때가 고작 7, 8명. 아궁이가 셋이었는데, 하루 두 짐씩 땔나무를 해다가 아궁이에 불을 지피는 일이 부목의 소임이었다. 지게질이 서툴러 몇 번씩 넘어지면서 일머리를 조금씩 익혀 갔다.

장마철이면 아궁이에 물이 스며들어 불을 지피는 데 아주 애를 먹었다. 이 무슨 인연인지 나는 가는 데마다 장마철이면 이 '수세식 아궁이' 때문에 적잖이 속을 썩인다.

산중에서는 연일 비가 내리면 생수가 터져 낮은 곳에 물이 고이게 마련이다. 그렇기 때문에 산중에 집을 지을 때는, 더구나 옛터에 집을 지을 때는 반드시 터를 돋워 지어야 한다. 터를 깎아 내면 백발백중 어김없이 물이 스며든다. 평지보다 아궁이가 깊고 구들장 밑의 개자리가 깊어야 제대로 불이 들인다. 그렇기 때문에 집터를 고를 때는 절대로 깎아 내서는 안 된다.

경험이 없어 일꾼들 하는 대로 맡겨 두었더니 불일암 시절 첫 장마부터 아궁이에 물이 고였다. 그대로 두면 구들장 밑까지 물이 차오를까 봐 밤잠을 설치면서 물을 퍼내기도 했었다. 얼마 지나지 않아 물의 압력으로 어떤 경계에 이르면 그 이상은 물이 차오르지 않는다는 사실을 알아차리고 차오를 만큼 차오르도록 방치해 두었다.

한 이틀 지나 아궁이의 물이 빠지면 먼저 고무래로 젖은 재를 쳐내야 한다. 아궁이 속에 물기가 배어 있으면 새로 불을 지피기가 어렵다. 이런 때는 바닥에 마른 장작을 깔고 그 위에 땔감을 두고 불을 지펴야 하는데, 부채질을 한참 해야 겨우 불이 붙는다.

요즘은 큰 절, 작은 절 가릴 것 없이 대부분 기름보일러를 쓰기 때문에 이런 원시적인 헛수고는 '해당사항 무'이겠지만 혹시 나 같은 어리석음을 되풀이할 신참들을 위해 이와 같은 잔소리를 늘어놓는다.

중노릇이란 어떤 것인가? 하루 스물네 시간 그가 하는 일이 곧 중노릇이다. 일에서 이치를 익히고 그 이치로써 자신의 삶을 이끌어 간다. 순간순간 그가 하는 일이 곧 그의 삶이고 수행이고 정진이다.

지난 물난리 때에도 나는 아궁이 앞에서 반세기 넘게 이어 온 나무꾼의 소임을 거르지 않았다. 누가 중노릇을 한가한 신선놀음이라 했는가.

사람에게는 저마다 주어진 상황이 있다. 남과 같지 않은 그 상황이 곧 그의 삶의 몫이고 또한 과제다. 다른 말로 하면 그의 업이다. 그가 짊어지고 있는 짐이다. 할 일 없이 지내는 것은 뜻있는 삶이 아니다. 그때 그곳에 할 일이 있기 때문에 그를 일으켜 세운다.

처서를 지나면서 하루 걸러 다시 군불을 지핀다. 훨훨 타오르는 아궁이 앞에서 내 삶의 자취를 되돌아본다. 늦더위의 뙤약볕에 청청하던 숲이 많이 바랬다. 초가을 냄새가 여기저기서 풍기기 시작한다.

물난리 속에서

올여름에도 물난리다. 지역적인 편차는 있지만 올해도 어김없이 이 땅에 물난리가 났다. 수해가 있을 때마다 관계 당국에서는 항구적인 대책을 논의하지만 수해는 항구적으로 지속되고 있다.

그럴 수밖에 없는 것이 자연의 대명사인 산천, 즉 산과 강은 사람들의 생각과는 근본적으로 다르기 때문이다. 자연은 원천적으로 곡선曲線을 이루고 있다. 해와 달이 그렇고 지구가 그렇다. 산맥의 흐름과 산자락과 강줄기가 지극히 자연스런 곡선을 이루고 있다. 그것은 마치 우주의 유장한 호흡과 같다.

자연의 이와 같은 호흡과 체질을 무시하고 사람들은 길

을 내고 둑을 쌓으면서 눈앞의 경제성만을 내세워 직선을 고집한다. 길을 내고 집을 짓기 위해 산자락을 직선으로 깎아 내린 그 절개지의 결과가 산사태를 불러오고 물난리를 가중시킨다.

강물의 흐름도 굽이굽이 돌아가면서 흘러야 유속을 억제할 수 있는데 강바닥의 돌까지 있는 대로 걷어 내고 직선으로 강둑을 쌓기 때문에 강물은 성난 물결을 이루면서 닥치는 대로 허물고 집어삼킨다.

오래전에 한 노스님한테서 들은 이야기가 가끔 되살아난다. 무슨 '비결'에 나오는 말이라고 하면서 머지않아 이 땅에 일각수—角獸가 나타나 온 국토를 유린할 거라고 했다. 벌써 오래전 일이라 귀신 씻나락 까먹는 소리로 여기고 말았는데 요즘에 와서 그 일각수 이야기가 문득문득 떠오른다. 뿔이 하나인 그 일각수란 게 요즘 말로 하자면 '포크레인'일 것이다.

이 일각수라는 중장비 덕에 개발이 촉진된 것은 사실이지만, 한편 이 일각수 때문에 여기저기 우리 삶의 터전인 자연이 얼마나 많이 멍들고 손상되었는지 너무나 자명하다. 삽이나 괭이 같은 손 연장이라면 자연은 오늘처럼 황폐해지지는 않았을 것이다.

사람이 필요에 의해서 만든 기계가 능률 면에서는 문명의 이기일지 모르지만 적어도 자연에게는 커다란 흉기가 아닐 수 없다. 이 일각수 때문에 이 땅이 그 원형을 잃을 만큼 얼마나 많이 훼손되고 있는지 방방곡곡이 이를 드러내고 있다.

　어제에야 개울물이 줄어 극심한 수해 현장을 두 군데 가보았다. 말로 표현할 수 없을 만큼 처참, 처참하다. 수많은 이웃들이 땀을 흘리면서 복구를 돕는 모습은 그래도 우리가 이웃을 지닌 따뜻한 세상을 이루고 있구나 싶었다.

　복구 현장에도 여기저기서 일각수가 많은 일을 해내고 있는 모습을 보면서 묘한 생각이 들었다. 허물기도 하면서 한편 다시 복구를 하는 것이 문명의 연장인가 싶었다. 일각수 자체는 생명이 없는 단순한 기계다. 거기 사람의 생각과 손이 작용해서 파괴도 하고 복구도 한다.

　미국 독립 2백 주년을 기해 원주민인 이로쿼이 인디언 연맹은 이런 성명서를 발표했다.

　"우주에는 우리를 다른 생명체들과 이어 주는 기운이 있다. 우리 모두는 대지의 자식들이다. 우리가 지진과 홍수 등 온갖 자연재해에 시달리는 것은 사람들이 어머니인 대지에 너무나 많은 상처를 입히고 있기 때문이다. 모든 생명

가진 것들을 존중할 때만이 당신들은 성장할 수 있다. 이 대지는 인간 생존의 터전이며 우리 다음에 올 여행자들을 위해 더럽히는 것을 막아야 한다.

어머니 대지의 물과 공기, 흙, 나무, 숲, 식물, 동물 들을 보살피라. 자원이라고 해서 함부로 쓰고 버려서는 안 된다. 보존을 최우선으로 삼아야 한다.

우리가 대지를 보살필 때 대지도 우리를 보살필 것이다."

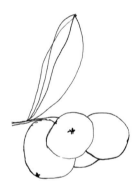

현재의 나 자신은 과거의 나 자신과는 또 다른 모습으로 달라져야 한다. 그래야 날마다 새로운 날일 수 있다. 벽에 걸어 두었던 족자를 떼어 내고 빈 벽으로 비워 둔다. 그 빈 공간에 그림 없는 그림을 그린다. 그 자리에 무엇을 걸어 둘까 하는 생각만으로도 넉넉하다.

지금이
바로 그때나

세상에서 가장 위대한 종교

요즘 고랭지에서는 가는 곳마다 감자꽃이 한창이다. 드넓은 밭에 가득가득 피어 있는 단일 작물의 꽃은 이런 고랭지 아니면 보기 드문 볼만한 풍경이다. 감자꽃은 보랏빛과 흰빛 두 가지인데 그중에도 노랑 꽃술을 머금고 있는 흰꽃이 돋보인다.

또 여기저기 대파가 실하게 자라고 있는데 며칠 걸러 농약을 살포하는 작업이 한창이다. 이런 작물이 버젓이 각 가정의 식탁에 오른다. 우리는 곡식이나 채소를 통해서 조석으로 농약을 떠먹고 있는 거나 다름이 없다. 이러고도 우리가 죽지 않고 살아 있으면서 방방곡곡에서 '대한민국'을 외칠 수 있다니 그야말로 기적 같은 일이다.

식중독으로 각급 학교에서 급식을 중단하고 있는 실정인데도 독성 농약에 대해서는 관대하다. 사실 현장에서 지켜보면 우리가 마음 놓고 먹을 만한 음식물은 지극히 드물다. 자신이 손수 가꾸는 채소류를 제외하고 시장에서 파는 것들은 안심할 수 없다.

자신이 직접 먹을 것과 상품가치로 시장에 내다 파는 것이 같지 않다는 사실에 문제가 있다. 내 가족들이 아침저녁으로 먹을 채소류라면 누가 그토록 독한 농약을 뿌려 대겠는가.

그러나 농사짓는 일도 수익만 따질 게 아니라 인간 형성의 길로 이어져야 한다. 자신이 하는 그 농사를 통해서 한 걸음 한 걸음 인간이 형성되어 간다면 그 일을 아무렇게나 해치울 수 없다. 이것은 농사만이 아니라 무슨 일이든 그 일을 하는 과정을 통해서 보다 인간적으로 성숙해질 수 있어야 한다. 이때 자신이 하는 일에 보다 높은 긍지와 가치를 부여할 수 있을 것이다.

요즘 지구인들이 뜬눈으로 밤을 지새워 가면서 월드컵에 열기를 쏟아붓는 그 힘은 어디서 나오는 것일까? 축구공 한 개의 향방에 그토록 열광하는 그런 힘은 어디서 솟아오르는 것일까?

내게는 이것이 올여름의 화두가 되지 않을 수 없다.

이런 열기가 바른길로 선용된다면 인류의 미래는 보다 밝아질 수 있다. 그러나 불행히도 잘못 악용된다면 걷잡을 수 없는 파괴적인 결과를 낳을 것이다. 한곳에 똑같은 유니폼을 입은 수백만의 사람들이 집결한다는 그 자체가 두려움이다. 군중심리에 부추겨 무슨 일을 벌일지 예측할 수 없기 때문이다.

시청 앞 광장에선가 청소부 아저씨가 하셨다는 말씀이 두고두고 기억되어야 할 것이다.

"운동만 잘한다고 나라가 잘되는 거냐? 모든 걸 다 잘해야 나라가 잘되는 거지."

이 세상에 가장 위대한 종교가 있다면 그것은 친절이다. 이웃에 대한 따뜻한 배려다. 사람끼리는 더 말할 것도 없고 이 세상을 함께 살아가는 모든 존재에 대해서 보다 따뜻하게 대할 수 있어야 한다. 이와 같은 친절과 따뜻한 보살핌이 진정한 '대한민국'을 이루고, 믿고 살 수 있는 세상을 만들 수 있을 것이다.

만나는 대상마다 그가 곧 내 '복밭'이고 '선지식'임을 알아야 한다. 그때 그곳에 그가 있어 내게 친절을 일깨우고 따뜻한 배려를 낳게 할 수 있기 때문이다.

책다운 책

지난 초봄, 볼일이 있어 남쪽에 내려갔다가 저잣거리에서 우연히 아는 스님을 보았다. 만난 것이 아니라 본 것이다. 이 스님은 내가 불일암 시절부터 가까이 지낸 사이인데 몇 해 전 길상사를 거쳐 간 후로는 그 거처도, 소식도 전혀 들을 수 없었다. 내 마음 한구석에는 그 스님의 맑은 모습이 꽃향기처럼 지금도 남아 있다.

나는 남의 차에 탄 채 지나가는 길이고, 그 스님은 길가에서 걸망을 메고 누군가를 기다리는 모습이었다. 순간 반가워서 차를 멈추게 했다가 내리지 않고 그대로 지나쳤다. 자신의 거처를 알리지 않고 호젓이 지내고자 하는 수행자를 불쑥 만나는 것은 아무래도 폐가 될 것 같아서였다.

입장을 바꾸어 생각하면 해답은 바로 나온다. 누군가 내 거처의 주변에서 나를 보고 아는 체를 한다면, 나 또한 당황하면서 결코 반가운 감정을 가질 수 없을 것이다. 길가에 서 있었지만 예전에 지녔던 맑은 모습 그대로여서 내심으로 반가웠다.

이런 내 태도를 두고 매정하다고 탓할 사람들이 더러 있겠지만 출세간의 맑은 업을 익히는 처지에서 보면 수긍이 갈 것이다. 못 본 체 그 자리를 스쳐 가는 편이 갑자기 마주쳐 저쪽을 어색하게 하고 부담스럽게 하는 것보다는 나을 거라는 생각이다.

혼자서 외떨어져 살기를 좋아하는 사람에게는 공통적인 그런 벽이 있다.

1993년 10월 그 스님이 태백산 각화사를 떠나면서 내게 보내온 아메리카 인디언의 지혜를 다룬 〈나는 왜 너가 아니고 나인가〉라는 책을 나는 지금도 서가에 지니고 있다. 그 스님이 연필로 밑줄을 그어 가며 읽은 자취가 책장에 배어 있다.

그 스님의 거처를 알 수 있다면 보내 주고 싶은, 내가 최근에 감명 깊게 읽은 책이 있다. 오랜만에 책다운 책을 읽었다. 한길사에서 펴낸 리영희 씨의 〈대화〉.

이 책은 대화 형식으로 된 그의 인생 회고록이며 또한 자서전이다. 우리가 일찍이 겪었던 무지막지하고 야만적인 지난 세월을 거쳐 오면서 투철한 세계인식 아래 자기를 지켜 낸 한 지식인의 삶과 사상을 담은 우리 시대의 뛰어난 기록이다. 이 책을 읽으면서 한 지식인의 삶 자체가 바로 이 땅의 어두운 현대사라는 느낌이 들었다.

50년대 중엽부터 언론인과 대학교수, 사회비평가와 국제문제 전문가로 활동했던 리영희 씨는 그의 삶을 이끌어 준 근본이념으로 '자유'와 '책임'을 들고 있다. 진정한 지식인은 본질적으로 자유인이기 때문에 자기 삶을 스스로 선택하고 그 결정에 대해서 책임이 따를 뿐 아니라 자신이 몸담아 사는 사회에 대해서도 책임을 져야 한다는 것이다.

오랜만에 책다운 책을 읽었다. 이런 책이 이 시대를 살아가는 젊은이들에게 널리 읽혔으면 좋겠다. 그가 40년 동안 온갖 고통을 무릅쓰고 글을 써 온 목적은 한 사람의 소유물일 수 없는 '진실'을 이웃과 나누기 위해서였다고 한다. 내가 이 책을 권하는 이유도 우리 시대의 진실을 함께 공유하기 위해서다. 좋은 책이다.

지금이 바로 그때

승가에 결제, 해제와 함께 안거 제도가 있다는 것이 얼마나 고맙고 다행한 일인지 모른다. 결제 기간과 해제 기간은 상호 보완한다. 결제만 있고 해제가 없다면 결제는 무의미하다. 마찬가지로 해제만 지속된다면 안거 또한 있을 수 없다.

여름철 결제일인 음력 4월 보름 이전까지는 책 만드는 일로 너무 자주 산을 내려갔다. 함께 살아가는 세상과 관계된 일이므로 그 나름의 의미가 없는 것은 아니지만 안팎으로 분주하고 고단한 나날이었음이 되돌아보인다.

이제는 다시 산의 살림살이에 안주할 때가 되었다. 옛 선사의 법문에,

때로는 높이높이 우뚝 서고
때로는 깊이깊이 바다 밑에 잠기라

有時高高峰頂立 有時深深海底行

이런 가르침이 있는데, 안거 기간은 깊이깊이 잠기는 그런 때다. 그 잠김에서 속이 여물어야 다시 우뚝 솟아오를 수 있는 저력이 생긴다.

지금 돌이켜 생각해 보면 지나온 세월 동안 나 자신을 일으켜 세우며 게으름에서 벗어날 수 있었던 것은 앞서 가신 큰어른들의 가르침 덕이다.

해인사에서 10여 년을 살면서 안팎으로 수행자의 터전을 닦던 풋중 시절, 구참 스님들로부터 보고 듣고 익히면서 배운 그 덕이 결코 적지 않았다. 겉으로 수행승의 차림만 했지 안으로는 새카만 먹통이었는데 수행의 덕을 쌓으신 구참 스님들의 말 없는 가르침에 그때마다 큰 감화를 받아 먹통을 조금씩 비울 수 있었다.

그리고 지금도 홀로 사는 나를 받쳐 주는 저력이 있다면 장경각 법보전에서 조석으로 기도하던 그 힘이라고 생각된다. 큰 법당에서 대중 예불이 끝난 후 혼자 장경각에 올라가 백팔 배를 드리면서 기도하는 일로 그날의 정신적인 양식을 마련했었다. 기도는 꾸준히 지속하는 그 정진력에 의미가 있다. 어쩌다 도중에 한두 번 거르게 되면 기도의 리듬이 깨뜨려지기 때문에 꾸준히 이어져야 한다.

법보전 주련에는 지금도 이런 법문이 걸려 있다.

부처님 계신 곳이 어디인가
지금 그대가 서 있는 바로 그 자리!

圓覺道場何處　現今生死卽是

이 주련을 대할 때마다 내 마음에 전율 같은 것이 흘렀다. 종교의 본질이 무엇이고 그 설 자리가 어디인가를 소리 높이 외치고 있었다.

팔만대장경판이 모셔진 그곳에서 큰 소리로 들려오는 가르침은 지금 그대가 서 있는 바로 그 자리를 떠나 따로 어디서 찾지 말라는 것이다.

종교만이 아니라 우리들 삶도 바로 지금 이 자리를 떠나서 따로 존재하지 않는다. 그렇기 때문에 바로 지금 이 자리에서 최선을 다해 최대한으로 살 수 있어야 한다.

"지금이 바로 그때이지 다른 시절이 있지 않다.現今卽是 更無時節"는 임제 선사[12]의 가르침도 같은 뜻이다.

오두막 둘레는 한동안 철쭉이 볼만했다. 그대로 바라보기도 아름답지만 발 사이로 보이는 모습이 훨씬 아름답다. 여기 사물을 보는 비밀이 있다. 노출보다는 알맞게 가려진 모습이 더욱 아름답다는 사실이다. 노출을 자랑하는 여름철에 함께 생각해 볼 일이다.

'책의 날'에 책을 말한다

4월 23일, 이날은 세계적으로 책을 기념하는 '책의 날'이다. 이 '책의 날'을 기리기 위해 어제는 강남에 있는 교보문고 강당에서 강연을 했다. 일찍이 안 하던 짓을 선뜻 허락하게 된 것은 나 자신 책의 은혜를 많이 입고 살아왔기 때문에 그에 대한 보답으로 나서게 된 것이다.

사람의 생각과 행위를 문자로 기록해 놓은 이 책이 인류 사회에 공헌한 바는 굳이 말할 필요조차 없다. 만약 우리 곁에 책이 없었다면 결코 현재의 우리들을 이룰 수 없었을 것이다. 책은 공기와 마찬가지로 인간의 삶에 없어서는 안 될 귀중한 요소이다. 책을 즐겨 읽거나 멀리하거나 상관없이 책은 인간을 형성하는 데 결정적인 역할을 한다.

어느 날 아침 내 둘레를 돌아보고 새삼스레 느낀 일인데, 내 둘레에 무엇이 있는가 하고 자문해 보았다. 차와 책과 음악이 떠올랐다. 마실 차가 있고, 읽을 책이 있고, 듣고 즐기는 음악이 있음에 저절로 고마운 생각이 들었다. 오두막 살림살이 이만하면 넉넉하구나 싶었다. 차와 책과 음악이 곁에 있어 내 삶에 생기를 북돋아 주고 나를 녹슬지 않게 거들어 주고 있음에 그저 고마울 뿐이다.

오두막 살림살이 중에서 가장 행복한 때를 들라면 읽고 싶은 책을 아무 방해도 받지 않고 쾌적한 상태에서 읽고 있을 때, 즉 독서삼매에 몰입하고 있을 때 내 영혼은 투명할 대로 투명해진다. 이때 문득 서권書卷의 기상이 나를 받쳐 준다. 어떤 그림이나 글씨에서 그 작가의 기량을 엿보려면 이 '서권기와 문자의 향기'가 있느냐 없느냐로 가늠할 수 있다.

나는 몸소 서점에 들러 읽고 싶은 책을 사 오기도 하지만 저자나 출판사로부터 보내오는 책이 한 달이면 20여 권 가까이 된다. 하루 일과 중에서 책만 읽으면서 지낼 수 없으니까 엄격하게 가려서 읽는다. 이 나이에도 재미있는 책은 밤을 새워 가며 읽을 때가 가끔 있다.

책은 가려서 읽어야 한다. 읽고 나서 남에게 자신 있게

권할 수 있는 책은 좋은 책이다. 읽을 책도 많은데 시시한 책에 시간과 기운을 빼앗기는 것은 인생의 낭비다. 사실 두 번 읽을 가치가 없는 책은 한 번 읽을 가치도 없다.

그럼 어떤 책이 좋은 책良書인가? 베스트셀러에 속아서는 안 된다. 그것은 한때 상업주의의 바람일 수도 있다. 좋은 책은 세월이 결정한다. 읽을 때마다 새롭게 배울 수 있는 책, 잠든 내 영혼을 불러일으켜 삶의 의미와 기쁨을 안겨 주는 그런 책은 그 수명이 길다. 수많은 세월을 거쳐 지금도 책으로서 살아 숨쉬는 동서양의 고전들이 이를 증명해 주고 있다.

이 기회에 한 가지 권하고 싶은 말은 어떤 종교의 경전이든지 경전은 소리 내어 읽어야 한다. 그저 눈으로 스치지만 말고 소리 내어 읽을 때 그 울림에 신비한 기운이 스며 있어 그 경전을 말한 분의 음성을 들을 수 있다.

책을 가까이 하면서도 그 책으로부터 자유로워야 한다. 아무리 좋은 책일지라도 거기에 얽매이면 자신의 눈을 잃는다. 책을 많이 읽었으면서 콕 막힌 사람들이 더러 있다. 책을 통해서 자기 자신을 읽을 수 있을 때 열린 세상도 함께 읽을 수 있다. 책에 읽히지 않고 책을 읽을 줄 알아야 한다. 책에는 분명히 길이 있다.

자신의 그릇만큼

올해는 봄이 더디다. 이곳 산중은 엊그제가 춘분인데도 아직 얼음이 풀리지 않아 잔뜩 움츠린 채 봄기운을 그리고 있다.

하지만 머지않아 꽃바람이 올라오면 얼음이 풀리고 새싹들이 돋아날 것이다. 어김없는 계절의 순환에 따라 바뀔 것들은 바뀔 것이다. 사람들도 그때를 알고 변할 수 있어야 한다. 바위처럼 그 자리에서 요지부동한다면 거기에는 삶의 생기가 스며들 수 없다.

계절이 바뀌면 달력만 넘길 게 아니라 낡은 틀에서 벗어나 새로운 틀을 마련할 줄도 알아야 한다. 고정불변, 똑같은 되풀이는 삶을 지겹게 만든다. 현재의 나 자신은 과거의 나 자신과는 또 다른 모습으로 달라져야 한다. 그래야 날마다 새로운 날일 수 있다.

벽에 걸어 두었던 족자를 떼어 내고 빈 벽으로 비워 둔다. 그 빈 공간에 그림 없는 그림을 그린다. 그 자리에 무엇을 걸어 둘까 하는 생각만으로도 넉넉하다. 무엇인가 채워지지 않은 여백의 운치를 누리고자 해서다.

프랑스의 법률가이자 역사가인 알렉시스 드 토크빌은 1830년대에 미국을 돌아보고 새로운 공화국 국민들의 영혼을 잠식하는 예상치 못했던 병을 진단한다. 그들은 많은 것을 소유하고 있으면서도 더 많은 것을 갖고자 하며, 자신에게 없는 것을 가진 사람을 볼 때마다 괴로워한다. 어째서 그들은 번영 속에서도 그토록 불안을 느끼는가.

우리가 지난날 어렵게 살아온 시절에는 남이 무엇을 가졌다고 해서 그렇게 기가 죽거나 불안해하지는 않았다. 그러나 생활이 대체로 고만고만해지면서는 약간의 차이만 나도 눈에 불을 켠다. 그래서 물질적으로는 비교적 풍요롭게 살아가는 자본주의 사회의 구성원들이 종종 심각한 우울증에 시달리고, 평온하고 느긋한 환경에서도 이따금 삶에 대한 회의에 빠진다.

토크빌은 말하기를, 프랑스에서는 자살률의 증가를 걱정

하고 있었는데 미국에서는 자살보다도 광증이 다른 어느 곳보다도 심하다고 지적한다.

우리가 농경사회를 이루던 그 시절에는 비록 물질적으로는 궁핍했지만 인간의 도리와 정신적인 평온은 잃지 않았었다. 여러 가지로 불편한 환경에서 살아왔으면서도 그것 때문에 인간의 도리를 저버리거나 인간의 영혼이 타락하지는 않았다.

그러나 현대인들은 이전에 비하면 다들 가질 만큼 가지고 있는데도 삶에 대한 회의와 불안을 안고 살아간다. 모든 생명이 새 움을 틔우는 이 화창한 봄날에 어째서 멀쩡한 사람들이 생을 포기하고 도중하차하려고 하는가.

우리가 무엇을 위해서 살아야 하는지, 전도된 가치관의 탓으로 돌리기에는 삶이 매우 아깝다. 진정한 부는 많은 것을 소유하는 것과는 별로 상관이 없다. 우리가 갈망하는 것을 소유하는 것을 부라고 잘못 알아서는 안 된다. 부는 욕구에 따라 달라지는 상대적인 것이다.

차지하거나 얻을 수 없는 것을 가지려고 할 때 우리는 가난해진다. 그러나 지금 가진 것에 만족한다면 실제로 소유한 것이 적더라도 안으로 넉넉해질 수 있다.

우리가 적은 것을 바라면 적은 것으로 행복할 수 있다.

그러나 남들이 가진 것을 다 가지려고 하면 우리 인생이 비참해진다.

사람은 저마다 자기 몫이 있다. 자신의 그릇만큼 채운다. 그리고 그 그릇에 차면 넘친다. 자신의 처지와 분수 안에서 만족할 줄 안다면 그는 진정한 부자이다. 이 봄에 함께 생각해 볼 일이다.

아직은 이른 봄

건강 비결 중 한 가지는 '늦게 입고 늦게 벗어라'이다. 늦가을이나 초겨울에 날씨가 좀 춥다고 해서 일찍 속옷을 껴입기 시작하면 한겨울에는 더욱 두껍게 입어야 한다. 추위를 이겨 낼 저항력을 잃는다는 소리다. 그리고 신문방송에서 여기저기 꽃 소식을 전한다고 해서 성급하게 내의를 벗고 가벼운 차림을 했다가는 감기 걸리기 십상이다.

한겨울 얼음골에서 지내다가 따뜻한 봄볕이 그리워 남쪽으로 내려왔다. 가까운 친구들과 함께 매화라도 볼까 해서 길을 떠나왔는데 우수절이 지났는데도 꽃은 아직 문을 열지 않았다. 지난겨울이 너무 추웠기 때문이다.

천지간에 봄은 꽃을 통해 전해지는데 옷깃에 스며드는

바람결이 쌀쌀해서인지 꽃망울들도 굳게 입을 다물고 있었다. 예년 같으면 이맘때 강진 다산초당 아랫마을 귤동에는 매화가 피었을 텐데 올해는 아직 꽃을 볼 수 없었다. 백련사의 동백도 아직 문을 열지 않았다. 영랑 고택의 해묵은 동백나무 가지 끝에 열린 몇 송이 꽃이 이른 봄을 달고 있을 뿐이었다.

사람들은 어째서 꽃을 찾아 나서는 걸까? 옛 그림에 보면 눈 속에 꽃을 찾아 나귀를 타고 가는 장면들이 가끔 눈에 띈다. 곁에는 동자가 깔자리와 다기를 담은 바구니를 들고 뒤를 따른다. 바라보기에도 삶의 향기인 그 운치를 느낄 수 있다.

해마다 이른 봄철이면 뜻을 같이하는 친구와 더불어 갓 피기 시작한 매화나무 아래 자리를 펴고 맑은 찻잔에 매화꽃을 띄워 차를 마시는 일로 그해의 향기로운 봄을 맞이했었다.

그 옛날 매화를 사랑하는 어떤 사람은 꽃철이 되면 이부자리를 가지고 꽃을 찾아가 꽃망울이 잔뜩 부풀어 오를 때부터 마침내 꽃이 만발하고 질 때까지 그 꽃그늘 아래에서 먹고 자며 지냈다는 기록이 전해진다. 밤낮을 가리지 않고 꽃과 함께 눈을 뜨고 꽃과 함께 잠이 들었다. 꽃가지에 달이 떠오르는 밤이면 달이 기울 때까지 잠을 자지 않았다. 이쯤 되어야 가히 매화를 사랑하는 사람이라고 할 수 있을 것이다.

요즘처럼 메마르고 삭막한 세태에 이런 옛이야기를 들으면 꽃에 미친 녀석이라고 비웃을지 모르지만, 우리가 봄을 기다리는 기대감 속에는 이 같은 꽃다운 마음씨도 함께 스며 있을 듯싶다.

우리 인간의 삶에 살벌하고 비린내 나는 정치와 경제만 있고 '꽃에 미친' 이런 운치가 없다면 인간의 자취가 얼마나 딱딱하고 추하겠는가.

꽃에 미친 이런 사람들 덕에 세상의 종말이 좀 더 늦춰질 거라는 생각이 든다. 아름다움에 대한 인식이 점점 사라져 가는 거친 세상에서 그래도 철 따라 꽃이 피는 그 뜻은 어디에 있을 것인가. 만약 우리 곁에 꽃이 없다면 우리 삶은 사방이 벽으로 둘러싸인 감옥이나 다름없을 것이다.

휴정 선사의 법을 이어받은 편양 언기 스님은 뜰에 핀 꽃을 보고 다음과 같이 노래한다.

비 내린 뒤 뜰에는 가득 꽃이 피어
맑은 향기 스며들어 새벽창이 신선하다

꽃은 뜻이 있어 사람을 보고 웃는데
선방의 스님들 헛되이 봄을 보낸다

봄이 와서 꽃이 피는 것이 아니라 꽃이 피어나야 봄이
온다.
그러나 아직은 이른 봄.

얼음 깨어 차를 달이다

지난겨울 이 산중에서 온 몸과 마음으로 절절히 배우고 익힌 교훈은 한 방울 물의 귀하고 소중함이었다.

눈 고장에 눈이 내리지 않은 삭막한 겨울. 오죽했으면 태백에선가는 기설제祈雪祭를 다 지냈겠는가. 가뭄이 심할 때 기우제를 지내듯, 눈 고장에서는 눈이 내리지 않으면 기설제를 지낸다. 몇 해 전에도 있었던 일이다.

영하 20도를 오르내리는 강추위가 잇따르자 온 골짜기가 두꺼운 빙하로 변했다. 얼음장 밑으로 흐르던 물소리도 빙하에 얼어붙어 더 소리를 내지 못한 그런 상황이었다. 이 산중에 들어와 15년 가까이 지내면서도 이런 일은 이번 겨울이 처음이었다. 흐르던 물소리가 멈추니 세상 자체가 정지된 듯싶었다. 그야말로 적막강산.

지난 연말까지만 해도 도끼로 얼음을 깨고 물을 길어다 썼는데 새해에 들어서면서는 얼음장 밑으로 흐르던 물마저 얼어붙어 여기저기 아무리 도끼로 얼음을 깨 보아야 물은 없고 개울 바닥만 드러났다.

이렇게 되면 물을 찾아 '제2의 비트'로 철수해야 하는데 내 잠재력을 시험해 보기 위해 버틸 때까지 버텨 보기로 했다. '땅에서 넘어진 자 땅을 짚고 일어선다'는 옛 가르침이 내 뒤를 받쳐 주었기 때문이다.

그전 같으면 개울이 얼어붙더라도 그 위에 눈이 내려 쌓이면 이를 보호막으로 개울 바닥까지는 얼지 않았었다. 그러나 이번 겨울은 눈다운 눈이 내리지 않아 그 같은 보호막도 없었기 때문에 속수무책이었다.

그럼 물 없이 어떻게 지낼 수 있었는가. 얼음을 깨어다가 그걸 녹여서 쓸 수밖에 없었다. 얼음이란 물이 얼어서 굳어진 고체이기 때문에 열을 가하면 물로 다시 환원한다. 이런 상황이니 내 겨울 안거安居는 일찍이 없었던 난거難居가 될 수밖에 없었다.

풍류를 즐기는 사람들은 겨울철에 더러는 눈 녹인 물로 차를 달여 마신다고 하는데 얼음을 녹여 차를 마신다는 말은 지금껏 들어 본 적이 없다. 그러나 나는 이번 겨울 그런 풍류의 혜택을 누릴 수 없어 얼음을 깨어다가 그것을 녹여 차를 마셨다. 차 맛이 어떻더냐고? 더 말할 것도 없이 별로였다.

그 대신 나는 올겨울에 팔운동을 많이 해서 더욱 강인한 팔의 힘을 기르게 되었다. 도끼로 얼음을 깨는 일과 장작을 패는 일을 비교한다면 얼음 깨는 일이 훨씬 힘들다. 장작은 나뭇결을 따라 도끼를 내리치면 순순히 빠개지지만 얼음은 그 파편이 사방으로 튀고 나무보다 단단해서 만만치 않다. 얼음 깨는 일을 하다가 장작을 패면 그야말로 식은 죽 먹기다.

그토록 부드러운 물이 한번 얼어붙으니 돌덩이처럼 굳어진다. 인자하고 온유하던 모성도 어떤 상황 때문에 한번 뒤틀리면 이 얼음처럼 견고해지는 것일까?

최근에 내린 눈으로 얼음 대신 눈을 떠다 쓰니 내 팔의 수고를 덜게 되었다.

생텍쥐페리는 그의 〈인간의 대지〉에서 이런 말을 한다.

"물, 너는 생명에 필요한 것이 아니라 생명 그 자체다. 너는 뭐라 표현할 수 없는 기쁨을 우리 가슴속 깊이 사무치게 한다. 너와 더불어 우리 안에는 우리가 단념했던 모든 권리가 다시 돌아온다. 네 은혜로 우리 안에는 말라붙었던 마음의 샘들이 다시 솟아난다."

한 방울의 물이 얼마나 귀하고 소중한가를 배우고 또 배운 겨울이었다.

겨울 자작나무

자다가 저절로 눈이 떠진다. 어김없이 새벽 한 시에서 한 시 반 사이. 이때 내 정신은 하루 중에서도 가장 맑고 투명하다. 자연은 사람의 나이를 묻지 않는다는데, 나이 들어가는 탓인지 남들이 곤히 잠든 이런 시각에 나는 곧잘 깨어 있다.

둘레는 아무 소리도 들리지 않는다. 개울은 두껍게 얼어붙어 흐름의 소리도 멈추었다. 자다가 뒤척이는지 이따금 뜰에 가랑잎 구르는 소리만 바스락거릴 뿐. 이것은 적적 요요한 자연의 본래 모습이다.

창문을 열면 섬뜩한 한기와 함께 새벽하늘에 별들이 오들오들 떨고 있다. 밤을 지키는 이런 별들이 없다면 이 우주는 너무 적막하고 삭막할 것이다.

요즘 오후로는 대지팡이를 끌고 마른 숲길을 어슬렁거린 다. 묵묵히 서 있는 겨울 나무들을 바라보고 더러는 거칠거 칠한 줄기들을 쓰다듬으며 내 속에 고인 말들을 전한다. 겨 울 나무들에게 두런두런 말을 걸고 있으면 내 가슴이 따뜻 하게 차오른다.

우리 산천의 수목 중에는 단연 소나무가 으뜸이다. 노송 의 훤칠한 품격과 청청한 그 기상은 그 어떤 나무들하고도 비교가 되지 않는다. 그리고 이 산중에 있는 겨울 나무 중 에서 정답기로는 자작나무이다. 아무것도 걸치지 않은 채 알몸으로 자신을 죄다 드러내고 있는 그 모습이 믿음직한 친구를 대하는 것 같다.

내가 이 산중에 들어온 이듬해 봄 손수 심은 1백여 그루 의 자작나무들은 이제 정정한 수목의 반열에 들어서 있다. 자작나무를 가까이서 대하고 있으면 내 귀에는 문득 바로 크 음악이 은은히 울려오는 것 같다. 그래서 자작나무 곁을 떠나기가 아쉽다.

한 친구의 글에서 자극을 받아, 지난가을부터 그동안 잊 고 지내던 옛 가락들에 다시 귀를 기울인다. 파비오 비온디 의 연주로 비발디의 협주곡들에 기대고 있노라면 내 감성에 슨 녹이 벗겨져 나가고 속뜰이 한결 투명해진다. 전에는 바흐의 '평균율 클라비아'를 즐겨 들었는데, 요즘에는 '골트베르크 변주곡'을 자주 듣는다.

잠들기 전 등잔불을 끄고 어둠 속에서 듣고 있으면 그 가락이 지닌 뒤뜰까지도 울린다. 글렌 굴드의 피아노 연주만으로는 성에 차지 않아 안드라스 쉬프의 연주로 들으면 감흥이 더욱 새롭다. 그리고 최근에 알게 된 젊은 피에르 앙타이의 하프시코드로 연주한 같은 곡에 귀를 모으고 있으면 3백 년 전 예스런 분위기에 젖을 수 있다. 이래서 산중의 겨울밤은 적막하지 않고 넉넉하고 그윽하다.

겨울 자작나무는 이렇듯 우리 가슴에 물기를 돌게 하고 추위를 밀어낸다. 자작나무는 시베리아의 나무로 상징되기도 한다. 영화 '닥터 지바고'에서 끝없는 설원에 펼쳐진 자작나무 숲을 우리는 기억한다.

몇 해 전 소로우의 '월든'에 들렀다가 그 다음 날 북쪽으로 차를 달려 뉴햄프셔주의 화이트 마운틴에 이르렀다. 거기 온 산에 빽빽이 자란 아름드리 자작나무 숲을 보고 나그네는 크게 놀라고 설렜다. '화이트 마운틴'이란 하얀 산이란 뜻인데 산 정상에 사철 눈이 쌓여 있어 그런 이름이 생겼겠지만 온 산이 허연 자작나무 숲으로 덮여 있어 원주민들이 그렇게 부른 것이 아닐까 하는 생각도 들었다.

그 앞에 마주 서면 사람이 순수해지는, 겨울 자작나무 이야기로 새해 인사를 전한다.

간소하게, 더 간소하게

월든에 다녀왔다.

헨리 데이비드 소로우가 호숫가 숲 속에 오두막을 짓고 살았던 그리움의 터, 그 월든에 다녀왔다. 미국 매사추세츠 주 콩코드 근교에 있는 월든 호반은 10월 말 단풍이 한창이었다. 맑은 호수에 비친 현란한 단풍을 대하자 다섯 시간 남짓 달려온 찻길의 피로도 말끔히 가셨다. 〈월든〉을 읽으면서 상상의 날개를 펼쳤던 그 현장에 다다르니 정든 집 문전에 섰을 때처럼 설렜다. 늦가을 오후의 햇살을 받은 호수는 아주 평화로웠다.

호수를 한 바퀴 돌았다. 둘레 1.8마일, 우리 식으로 계산하면 3킬로미터 조금 못 미치는 거리다. 평일인데도 호반에는 드문드문 방문객들이 있었다. 그 현장에서 〈월든〉을 읽는 여인도 있고, 고무보트를 타고 한가로이 낚싯줄을 드리운 사람도 눈에 띄었다. 차가운 호수에서 수영을 하는 사람도 두엇 있었다.

호수의 북쪽에 150여 년 전 소로우가 살았던 오두막의 터가 돌무더기 곁에 있다. 거기 널빤지에 이런 글이 새겨져 있다.

내가 숲 속으로 들어간 것은 인생을 한번 내 식대로 살아 보기 위해서였다. 즉 삶의 본질적인 문제에 직면하여 인생이 가르치고자 한 것을 내가 배울 수 있는지 알아보고자 해서였다. 그리하여 마침내 죽음에 이르렀을 때 내가 헛된 삶을 살았구나 하고 후회하는 일이 없도록 하기 위해서였다. ─소로우

공원을 관리하는 사무실 곁에 오두막 그대로의 모형을 지어 놓았다. 출입구 맞은쪽에 벽난로가 있고 좌우 양쪽에 큰 들창이 있다. 소로우가 장만한 가구 중 일부는 그가 손수 만든 것이다. 단칸집 한쪽에 나무 침대가 있고 탁자와 책상이 들창을 향해 놓여 있다. 의자도 세 개 있다. 커튼은

그 집에 필요가 없었다. 소로우의 표현을 빌리자면 해와 달 이외에는 밖에서 들여다볼 사람이 없기 때문이다.

콩코드의 한 숙소에서 자고 이튿날 다시 월든을 찾았다. 이른 아침의 월든은 전날 석양에 보던 것과는 다른 분위기였다. 아침 호수는 정신이 바짝 들 만큼 신선하다. 남향인 오두막 터에서 수목 사이로 바라보이는 월든은 아름다웠다. 오두막은 호수에서 백 미터쯤 떨어져 있고 둘레가 낮은 언덕으로 되어 있어, 내가 만약 집터를 잡는다 하더라도 바로 이 지점을 골랐겠다는 생각이 들었다.

그는 오두막 가까이에 모래 섞인 땅을 갈아 강낭콩을 심고, 한쪽에 감자와 옥수수, 완두콩과 무 등을 가꾸었다. 그는 달빛이 밝은 밤이면 호숫가의 모래톱을 거닐기도 하고 플루트로 주변 숲의 메아리를 깨우기도 했었다. 어느 날 일기에 그는 이렇게 써 놓았다.

"오늘 저녁 나는 월든 호수에 보트를 띄우고 앉아 피리를 불었다."

콩코드박물관에는 얼마 되지 않는 그의 유품이 전시되어 있는데, 책상과 의자와 침상과 연필, 눈 위에 신는 설피, 그리고 그가 불었던 피리도 함께 있다. 소로우는 체구가 크지 않았던 것 같다. 침상이며 의자와 책상이 표준치보다 작다.

소로우는 하루에 네 시간 이상 걸었다고 한다. 그는 '산책'이라는 글에서 이렇게 말한다.

"온갖 세속적인 얽힘에서 벗어나 산과 들과 숲 속을 걷지 못한다면 나는 건강과 영혼을 온전하게 보존하지 못할 것 같다."

소로우가 숲 속에서 홀로 지낸 지 1년째 되던 해 여름, 구둣방에 수리해 달라고 맡긴 구두를 찾으러 가다가 세금징수원과 마주친다. 몇 년 동안 밀린 인두세를 내지 않았다고 해서 감옥에 갇히는 사건이 일어난다. 인두세란 그 당시 매사추세츠주가 20세에서 70세까지의 모든 남성에게 부과한 세금이다.

소로우가 다른 세금은 꼬박꼬박 내면서도 유독 인두세만은 거부한 이유는 의사당 앞에서 버젓이 남자와 여자, 어린이들까지 가축처럼 팔고 있는 흑인노예제도에 항의하기 위해서였다. 그리고 영토 확장을 위해 멕시코전쟁까지 일으킨 정부에 항의하기 위해서였다. 친척 한 사람이 그가 모르게 세금을 대납하는 바람에 다음 날 아침 석방되자 그는 크게 분개하여 출옥을 거부하지만 소용이 없었다. 이 사건은 그에게 개인의 자유를 억압하는 국가권력에 대해서 깊이 성찰하는 계기가 되었다.

이 사건을 계기로 세계 역사를 바꾼 책들 중 한 권인 그의 〈시민의 불복종〉이 나오게 된다. 이 글은 톨스토이, 마하트마 간디, 마틴 루터 킹 등에게 커다란 영향을 끼쳤다. 불의의 권력과 싸우는 수많은 사람들을 격려하고 그들에게 희망과 용기를 북돋아 주었다. 톨스토이는 말한다.

"왜 당신네 미국인들은 돈 많은 사람이나 군인들 말만 듣고 소로우가 하는 말에는 귀를 기울이지 않는 거요."

2년 2개월 동안 월든 숲 속에서 지낸 이 기간이 소로우의 인생에서 가장 의미 있고 아름다운 시기였다. 그는 학생으로서 월든에 갔었지만 그곳을 떠나올 때는 스승이 되어 있었다. 소로우의 생애를 가장 충실하게 기록한 영국의 전기 작가 헨리 솔트는 이렇게 말한다.

"그가 콩을 심고 콩밭을 매는 일은 자연을 배우고 삶을 배우는 과정과 다름이 없었다. 그런 의미에서 그가 전 미국을 위해 공적인 일을 하여 남길 수 있었던 것보다 〈월든〉을 씀으로써 인류에게 남긴 유산이 훨씬 더 훌륭한 것이었다."

소로우의 생활신조를 한마디로 표현하면 이렇다.

"간소하게, 간소하게 살라! 제발 바라건대 그대의 일을 두 가지나 세 가지로 줄일 것이며, 백 가지나 천 가지가 되도록 하지 말라. 자신의 인생을 단순하게 살면 살수록 우주의 법칙은 더욱더 명료해질 것이다. 그때 비로소 고독은 고독이 아니고 가난도 가난이 아니게 된다. 그대의 삶을 간소화하고 간소화하라!"

청소 불공

첫눈이 내리고 나서부터 개울가에는 얼음이 얼기 시작했
다. 나무들도 그동안 걸쳤던 옷을 훨훨 벗어 버리고 알몸으
로 의연히 서 있다. 말 그대로 낙목한천落木寒天의 계절.

오늘은 마음을 내어 대청소를 했다. 구석구석 쓸고 닦고,
여기저기 널려 있던 것들을 눈에 띄지 않는 곳으로 치우고,
더러는 미련 없이 버렸다. 버리지 않으면 그 더미에 사람이
매몰된다. 난로에 쌓인 재를 쳐내고, 추녀 밑에 장작을 날
라다 놓았다. 불단의 향로에 쌓인 향 끌텅도 채로 걸러 내
고 집 안으로 끌어들였던 물줄기도 얼어붙기 전에 미리 끊
었다.

그리고 머리 무겁고 귀찮은 철 지난 옷가지들을 치우고

겨울철에 걸칠 옷들을 꺼내 놓았다. 중노릇 중에서 가장 귀찮고 머리 무거운 일이 뭐냐고 묻는다면, 나는 지체 없이 철 따라 옷가지를 챙기는 일이라고 대답할 것이다. 누더기 한 벌로만 한평생을 지냈다는 옛 수행자의 그런 저력이 부럽고 부럽다.

청소를 하면서 문득 떠오른 생각인데, 청소의 경우만은 육조 혜능[13]이 읊은 게송보다는 신수의 게송이 훨씬 설득력이 있을 것 같다.

때때로 부지런히 털고 닦아서
티끌과 먼지 끼지 않게 하라

그는 우리 마음을 밝은 거울에 비유한다. 구석구석 쓸고 닦아 내는 동안 바깥에 쌓인 티끌과 먼지만 닦이는 게 아니라 우리 마음도 맑고 투명하게 닦이기 때문이다.

나는 한때 이웃들에게 '청소 불공'을 권장한 바 있다. 쓸고 닦는 그 정갈하고 무심한 마음으로 불전에 공양 올리는 일이 되어야 한다는 뜻에서였다.

오늘 아침나절 오두막에서 한바탕 겨울 채비 청소 불공을 하고 나니 내 마음도 개운하고 개운하다. 거치적거린 것들을 훨훨 털어 버린 나무들처럼 홀가분하다. 역시 마음은 밝은 거울 같다는 교훈에 실감이 간다.

산중에서 홀로 사는 우리 같은 부류들은 뭣보다도 자기 자신에 대한 철저한 관리와 함께 게으르지 말아야 한다. 게으름이란 무엇인가. 단박에 해치울 일도 자꾸만 이다음으로 미루는 타성이다. 그때 그곳에서 그렇게 사는 것이 그날의 삶이다. 그와 같은 하루하루의 삶이 그를 만들어 간다. 이미 이루어진 것은 없다. 스스로 만들어 갈 뿐이다.

이런 때 마시는 한 잔의 차는 단연 '단이슬'에 견줄 만하다. 불전에 차공양 올리고 나서 나도 그 아래서 마신다. 내친김에 다기도 겨울 것으로 바꾸었다. 겨울철에 쓰는 다기는 손안에 들어올 만큼 작은 것이 살뜰하다. 차갑게 느껴지는 백자보다는 주황색이나 갈색 계통의 다기가 한결 푸근하다.

이웃나라에서는 차 품평을 늦가을에 한다는 말을 들었다. 봄철에 갓 만들어 낸 햇차는 그 빛과 향기와 맛이 비교적 신선하다. 그러나 고온다습한 장마철을 거쳐 늦가을에 이르면 그 차의 우열이 저절로 드러난다.

철이 바뀌어도 변하지 않는 좋은 차를 대하면, 한 잎 한 잎 정성을 다해 선별해서 만든 그 사람에게 저절로 고마운 생각이 든다. 만든 사람의 그 인품이 차 향기에 배어 있는 것 같다.

이런 차 맛을 두고 생각할 때 사람의 일도 또한 이와 같을 것 같다. 어떤 상황 아래서도 변덕을 부리지 않고 그가 지닌 인품과 인간미를 한결같이 이웃과 나눌 수 있다면 그는 만인이 기대고 의지할 수 있는 좋은 이웃이다. 이런 친구를 가까이 둔 사람은 복 받은 사람이다.

운문사에 가면

내일모레면 서리가 내린다는 상강인데 오늘 이 산중에는 첫눈이 내렸다. 가을이 채 가기도 전에 겨울이 성급하게 다가서는가. 오늘 내린 눈으로 뜰가는 온통 단풍나무 잎으로 낙엽의 사태를 이루었다.

요 며칠 동안 청명한 가을 날씨 덕에 남쪽에 내려가 오랜만에 조계산에 떠오르는 보름달을 마중했다. 산마루로 조심조심 얼굴을 내미는 월광보살[14] 앞에 우리는 합장하며 마음에 담긴 소원들을 빌었다. 해와 달 같은 천지신명 앞에 손을 모아 소원을 비는 일은 누가 시키거나 가르치지 않더라도 저절로 그렇게 하고 싶은 원초적인 순수한 신앙심에서다. 이 원초적인 순수한 신앙심이 종교에 귀의하는 토대가 될 것이다.

종교의 교리나 이론은 이 원초적인 순수한 신앙심에 견주면 공허하고 관념적이다. 신학자나 종교학자 들의 신앙심이 그 순수성에서 일반 신자들에게 미칠 수 없는 것은 당연하다. 종교는 말이나 이론에 있지 않고 일상적인 행위에 있기 때문이다.

달님 앞에 마주 서서 저마다 소원을 비는 이웃들의 모습을 보면서 그날 하루의 삶이 달빛에 물들어 은은히 빛나는 것 같았다. 나무 월광보살!

나선 김에 운문사에 가서 말빚을 갚고 왔다. 이따금 들르는 도량인데 갈 때마다 옛 절의 맑고 아늑함이 여기저기서 드러난다. 특히 운문사에는 지나온 세월의 자취를 고스란히 간직한 '세 분'이 계셔서 나그네의 발길을 이끈다.

수백 년 된 두 그루 은행나무가 가지런히 서서 허공을 떠받치듯 우람하게 서 있다. 그 당당한 기상 앞에 저절로 고개가 숙여진다. 한평생 청정한 수행을 쌓아 가면 이런 당당한 기상을 지니게 될까 하는 생각이 든다. 허구한 세월을 거쳐 오면서 노거수老巨樹는 이 도량에 몸담아 수행하는 사람들을 낱낱이 지켜보았을 것이다. 이 나무 안에는 이 도량의 지나온 자취가 켜켜이 쌓여 있을 것이다. 우리 귀가 열린다면 그 은밀한 말씀을 들을 수 있을까?

운문사 경내에 들어서자마자 만세루 곁에 청청하게 살아 계시는 나이 4백 살이 넘는 소나무 한 그루를 친견할 수 있다. 이 소나무는 세월의 풍상에 꺾임이 없이 영원한 젊음을 내뿜고 있다. 동구에 있는 다른 소나무들은 가지마다 가을을 그 잎에 달고 있는데 이 소나무만은 전혀 계절의 바람에 동요됨이 없이 청청하고 청청할 뿐이다. '영원한 젊음'이란 바로 이를 두고 하는 말일 것이다.

4백 살의 젊음 앞에 숙연해진다. 이 소나무를 두고 사람들은 가지가 처졌다고 해서 '처진 소나무'라 하고, 키는 작고 가지가 가로 뻗어 옆으로 퍼졌다고 해서 반송盤松이라고도 부른다. 그런데 이 소나무는 오래 살다 보니 그 도량에서 수행하는 효성스런 사람들한테서 한 해에 막걸리 열두 말씩을 공양받는다. 주량이 대단하다. 그런 주량의 영향 덕인지 감기 몸살 한 번 치르지 않고 오늘처럼 저렇게 정정하시다. 그래서 주송酒松이란 별명도 얻게 되었다.

나는 운문사에 들를 때마다 맨 먼저 비로전 부처님께 문안인사를 드린다. 일반 불상의 전형에서 벗어난 그분만의 독특한 형상에 인간적인 호감을 느낀다. 얼굴 모습도 여느 불상과는 달리 시골의 장터에서 흔히 볼 수 있는 그런 표정이고, 오랫동안 가부좌로 앉아 계시니 다리가 저려 슬그머니 바른쪽 다리를 풀어 놓은 그 모습이 너무나 인간적이다. 인자한 시골 할아버지 같은 이런 불상은 아무데서나 친견할 수 없다.

운문사의 은행나무와 반송과 비로전 부처님이 부르시기에 이따금 나는 그곳에 간다.

다시 월든 호숫가에서

월든은 콩코드시에서 남쪽으로 2킬로미터 남짓 떨어져 있는 호수이다. 숲이 우거진 낮은 언덕으로 둘러싸여 있다. 150여 년 전 헨리 데이비드 소로우가 이 호숫가 숲 속에 오두막을 짓고 2년 2개월 동안 노동과 학문의 삶을 살면서 그의 사상이 무르익게 되고, 도덕적 신조가 분명한 형태를 갖추게 된 그 영향으로 세계적인 호수가 되었다.

월든으로 갔을 때 그의 나이 스물여덟이었고 책은 한 권도 저술한 적이 없었다. 마을 사람들 말고는 그를 알아볼 사람도 없었다. 월든 호숫가에서 지낸 이 기간이 소로우의 인생에서 가장 아름답고 의미 있는 시기였다. 그 이후 삶의 방향을 결정짓는 전기가 되었기 때문이다.

그 당시 하버드 출신의 대학 동료들이 좋은 직업을 찾아 돈 버는 일을 시도할 때, 그는 남들이 가는 길을 거부하고 자신의 개인적 자유를 지키겠다고 결심한다. 돈이 필요할 때는 보트를 만들거나 담장을 쌓거나 측량을 하는 등 그때마다 자기에게 알맞은 노동을 해서 벌었으므로 그는 결코 게으른 사람이 아니었다. 그는 직업교육도 받지 않았고, 결혼도 하지 않고 혼자 살았으며, 교회에 나간 적도 없었다. 육식을 하지 않았으며 술 담배도 가까이 하지 않았다. 스스로 사상과 자연의 학생이 되는 길을 선택했다.

그는 미국문학과 사상을 대표하는 인물로 알려져 있지만, 현대의 생태학적 자연사상도 그의 영향이 크다. 소로우는 여가가 사업만큼이나 중요한 것이고, 부자가 되는 가장 확실한 방법은 거의 아무것도 원하지 않는 것이라고 했다. 즉 사람이 부자이냐 아니냐는 그의 소유물이 많고 적음에 있는 것이 아니라, 그것 없이 지내도 되는 물건이 많으냐 적으냐에 달려 있다는 것이다. 그는 소유를 극도로 제한했지만 초라한 모습을 전혀 보이지 않았다. 세련된 정장, 교양 있는 사람들의 몸짓과 말투 등을 모두 벗어던져 버렸다.

그는 선량한 인디언들을 좋아했다. 소로우는 인간의 양심에 따른 도덕법칙을 강조하고 글과 강연을 통해 노예제도 폐지운동에 헌신하면서 인권과 개혁 사상을 줄기차게 역설했다.

2차대전 후 미국을 비롯한 세계의 젊은이들 사이에 그의 저서 〈월든〉이 성서처럼 널리 읽혔다는 사실은 그의 현존을 말해 주고 있다. 그의 글과 주장은 지금도 정신세계에 널리 빛을 발하고 있다.

월든 호수를 처음 본 사람은 글을 통해서 상상했던 것보다 호수가 그리 크지 않다고 생각할지 모른다. 우리들은 흔히 크고 작은 것을 밖에 드러난 외면적인 것만으로 판단해 왔기 때문이다. 월든은 둘레가 3킬로미터도 채 안 되는 규모이다.

그러나 진정으로 큰 것은 밖에 드러나 있지 않고 그 내면에 있다. 월든이 수많은 사람들을 끌어들이는 그 흡인력을 생각한다면 그 어떤 호수보다도 크고 깊다. 한 해에 60만 명의 정신적인 '순례자'(관광객이 아니다)들이 세계 각처에서 이 월든을 찾는 것을 보아도 그 넓이와 깊이를 짐작할 수 있을 것이다.

최근 뉴욕에서 일을 마치고 월든을 다시 찾아갔다. 이번이 세 번째인데도 새롭게 느껴졌다. 그날은 마침 인근 고등학교 학생들이 한 교사의 인솔하에 소로우의 오두막 터에 와서 현장학습을 하는 광경과 마주쳐 적지 않은 감명을 받았다. 듣는 학생이나 가르치는 선생님의 진지한 그 모습이 아주 인상적이었다. 마치 영화 〈죽은 시인의 사회〉에 나오는 존 키팅 선생을 연상케 했다.

학생들의 표정이 하나같이 밝고 여유 있는 것을 보면서, 입시지옥에서 잔뜩 주눅 들고 굳어 있는 우리나라 고등학생들의 얼굴이 떠올랐다. 만약 우리 고등학교에서 교실 밖에 나가 이런 현장학습을 한다면 모르긴 해도 단박 학부모들의 항의가 거셀 것이다. 우리는 교실에만 갇혀서, '그곳을 알기 위해서는 그곳에 가야 하는 것'이 진정한 학습임을 모르고 있다.

마침 녹화를 위해 방송사 촬영 팀과 동행한 길이라, 그 현장학습 장면을 담고 싶었다. 선생님에게 한국에서 왔다고 인사를 드리고 학습 장면을 좀 찍을 수 있었으면 한다고 여쭈었더니 먼저 학생들의 동의를 얻어야 한다고 했다. 다들 찬성하여 순조롭게 찍을 수 있었다. 이런 일 또한 민주적인 교육임을 실감케 했다. 교사가 임의로 결정하지 않고 먼저 학생들의 의사를 물어 결정하는 그 절차가 참으로 믿음직했다. 강의가 끝난 후 학생들이 선생님한테서 받아든 종이를 갖고 뿔뿔이 호숫가에 앉아 그날 학습의 감상문을 쓰는 모습 또한 아름다웠다.

하버드 대학을 졸업한 후 스무 살이 된 소로우는 그의 가장 짧고도 유명한 교사 일을 시작한다. 그의 고향 콩코드 제일의 대학 준비학교였다. 교단에 선 지 며칠 안 돼 '3인 학교위원회'의 한 사람이 그를 불렀다. 그는 교실의 활동과 소음 수준이 너무 높다고 하면서 아이들에게 처벌을 자주 가할 것을 지시했다. 그의 지시에 자극받아 소로우는 할 수 없이 매를 들었는데, 그날 저녁으로 그는 사직서를 제출하고 교사직을 그만두었다.

오늘날 우리들은 자신을 좁은 틀 속에 가두고 서로 닮으려고만 한다. 어째서 따로따로 떨어져 자기 자신다운 삶을 살려고 하지 않는가. 각자 스스로 한 사람의 당당한 인간이 될 수는 없는가. 저마다 최선의 장소는 현재 자신이 처해 있는 바로 그 자리임을 잊지 말아야 한다.

살아 있는 모든 것은 때가 되면 그 생을 마감한다. 이것은 그 누구도 어길 수 없는
생명의 질서이며 삶의 신비이다. 만약 삶에 죽음이 없다면 삶은 그 의미를 잃게 될
것이다. 죽음이 삶을 받쳐 주기 때문에 그 삶이 빛날 수 있다.

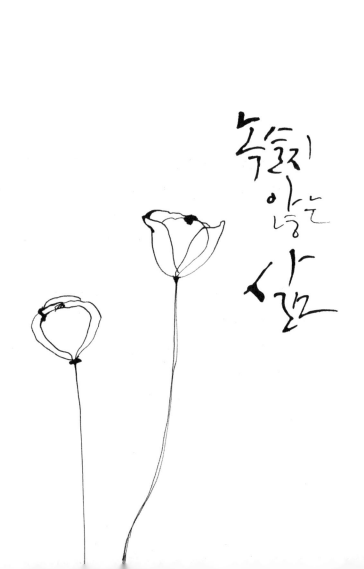

연암 박지원 선생을 기린다

밖에 나가면 편지들이 나를 기다리고 있을 때가 있다. 어떤 편지는 그 자리에서 펼쳐 보고, 어떤 편지는 집에 가져와 차분히 읽는다. 첩첩산중 외떨어져 사는 나 같은 경우는 휴대전화가 판을 치는 요즘 같은 세상에서도 편지가 유일한 통신수단이다.

받은 편지는 겉봉에 받은 날짜를 표시하고, 답장을 해야 할 편지와 안 해도 그만인 편지를 가려서 놓아둔다. 그런데 내가 늙어 가는 탓인지 마땅히 해야 할 답장도 번번이 거르는 경우가 허다하다.

편지 답장은 편지를 읽고 나서 바로 그 자리에서 써야지 그때의 감흥이 식으면 이날 저날 미루다가 끝내는 답장을 못하고 만다. 외딴 산중에 오래 살다 보면 오고 가는 세상의 인사치레도 성글어지게 마련이다.

최근에 연암 박지원 선생이 가족과 친지들에게 보낸 서간첩을 읽으면서 편지에 대한 내 무성의를 되돌아보는 계기가 되었다. 2백여 년 전 우리 선인들의 살아가던 모습이 어떠했는지 엿볼 수 있는 편지들이다.

연암 선생이 60세 되던 1796년 정월에서 이듬해 8월까지 띄운 것으로 선생의 노년에 쓴 편지들이다.

선생이 안의 현감으로 있을 때 두 아들에게 보낸 편지에 이런 대목이 있다.

"나는 고을 일을 하는 틈틈이 한가로울 때면 수시로 글을 짓거나 때로는 법첩을 꺼내 놓고 글씨를 쓰기도 하는데 너희들은 해가 다 가도록 무슨 일을 하느냐? 나는 4년 동안 〈자치통감 강목〉을 골똘히 봤다. 너희들이 하는 일 없이 날을 보내고 어영부영 해를 보내는 걸 생각하면 안타깝고 안타깝다. 한창때 이러면 노년에는 어쩌려고 그러느냐.

고추장 작은 단지를 하나 보내니 사랑방에 두고 밥 먹을 때마다 먹으면 좋을 게다. 내가 손수 담근 건데 아직 온전히 익지는 않았다."

손수 담근 고추장을 아이들에게 보낸 아버지의 마음이

뭉클하게 전해 온다. 선생은 9년 전인 1787년에 부인 이씨와 사별했다. 51세 때. 그 후 죽을 때까지 재혼하지 않고 홀로 살았다.

"관아의 하인이 돌아올 때 기쁜 소식을 갖고 왔더구나. '응애 응애' 우는 소리가 편지지에 가득한 듯하거늘 이 세상 즐거운 일이 이보다 더 한 게 또 있겠느냐. 육순 노인이 이제부터 손자를 데리고 놀 뿐 달리 무엇을 구하겠느냐. 산부의 산후 증세가 심하다고 하니 걱정이 된다. 산후 복통에는 생강나무를 달여 먹여야 한다. 두 번 복용하면 즉시 낫는다. 이는 네가 태어날 때 쓴 방법으로 특효가 있으므로 말해 준다."

전에 고추장과 여러 가지 밑반찬을 보내 주었는데도 아무 말이 없자 무람없다(무례하다, 버릇없다)고 꾸짖는 사연도 있다.

"전에 보낸 쇠고기 장볶이는 잘 받아서 조석 간에 반찬으로 하느냐? 왜 좋은지 어떤지 말이 없느냐? 무람없다, 무람없어. 고추장은 내 손으로 담근 것이다. 맛이 좋은지 어떤지 자세히 말해 주면 앞으로도 계속 두 물건을 인편에 보낼지 말지 결정하겠다."

〈나의 아버지 박지원〉을 감명 깊게 읽었다. 이 책은 연암

선생의 아들 박종채가 엮은 연암의 전기다. 아버지의 뛰어
난 문학자의 모습만이 아니라 그 인간적인 면모와 함께 강
직한 목민관 시절의 일화도 들려준다. 또한 이 책은 18세기
영·정조 시대의 지성사와 사회사에 대한 생동감 넘치는 보
고서이기도 하다.

죽음도 미리 배워 두어야 한다

살아 있는 모든 것은 때가 되면 그 생을 마감한다. 이것은 그 누구도 어길 수 없는 생명의 질서이며 삶의 신비이다. 만약 삶에 죽음이 없다면 삶은 그 의미를 잃게 될 것이다. 죽음이 삶을 받쳐 주기 때문에 그 삶이 빛날 수 있다.

얼마 전 한 친지로부터 들은 말이다. 부친의 죽음 앞에 서고 보니 신앙이 무엇인지, 종교가 어떤 의미를 지니는지 묻게 되더라고 했다. '잘 죽는 것이 잘 사는 것보다 어렵다'는 사실이 인생의 중요한 문제풀이처럼 여겨지더라고 말했다.

그렇다, 이 풍진세상을 살아가는 일도 어렵지만 죽는 일 또한 쉬운 일이 아니다. 순조롭게 살다가 명이 다해 고통

없이 가는 것은 다행한 일이지만, 오랫동안 병상에 누워 본인은 물론 가족들이 함께 시달리게 되면 잘 죽는 일이 잘 사는 일보다 훨씬 어렵게 느껴질 것이다. 그래서 죽음복도 타고나야 한다는 말이 나옴직하다.

살 만큼 살다가 명이 다해 가게 되면 병원에 실려 가지 않고 평소 살던 집에서 조용히 죽음을 맞이하는 것이 지혜로운 선택일 것이다. 이미 사그라지는 잿불 같은 목숨인데 약물을 주사하거나 산소호흡기를 들이대어 연명의술에 의존하는 것은 당사자에게는 커다란 고통이 될 것이다.

우리가 한평생 험난한 길을 헤쳐 오면서 지칠 대로 지쳐 이제는 푹 쉬고 싶을 때, 흔들어 깨워 이물질을 주입하면서 쉴 수 없도록 한다면 그것은 결코 효가 아닐 것이다. 현대 의술로도 소생이 불가능한 경우라면 조용히 한 생애의 막을 내리도록 거들고 지켜보는 것이 도리일 것이다.

될 수 있으면 평소 낯익은 생활공간에서 친지들의 배웅을 받으면서 삶을 마감하도록 하는 것이 바람직하다. 병원에서는 존엄한 한 인간의 죽음도 한낱 업무로 처리되어 버린다. 마지막 가는 길을 낯선 병실에서 의사와 간호사가 지켜보는 가운데서 맞이한다면 결코 마음 편히 갈 수 없을 것이다.

사람에게는 저마다 고유한 삶의 방식이 있듯이 죽음도 그 사람다운 죽음을 택할 수 있도록 이웃들은 거들고 지켜보아야 한다. 그러기 위해서는 우리가 일찍부터 삶을 배우듯이 죽음도 미리 배워 둬야 할 것이다. 언젠가는 우리들 자신이 맞이해야 할 엄숙한 사실이기 때문이다.

임제 선사의 행적과 법문을 실은 〈임제록〉의 매력 중 하나는 보화 스님에 대한 이야기에 있다. 임제와 보화의 관계는 서로 밀접해서 어느 한쪽이 없다면 싱거울 것이다. 보화 스님의 죽음은 거리낌이 없는 생사 해탈의 한 전형을 보여 준다.

보화 스님이 자신의 갈 때를 알고 사람들에게 옷을 한 벌 지어 달라고 했다. 사람들은 바지와 저고리를 주었지만 그는 받지 않고 요령을 흔들면서 지나가 버렸다. 이때 임제 스님이 관을 하나 전했다. 보화 스님은 그 관을 메고 다니면서 사람들에게 하직인사를 했다.

"내가 내일 동문 밖에서 죽으리라."

고을 사람들이 앞을 다투어 동문 밖으로 나오자 보화는 "오늘은 일진이 맞지 않아 내일 남문 밖에서 죽으리라."고 했다. 사람들이 또 몰려들자 "내일 서문 밖에서 죽으리라."

고 했다. 사람들은 속은 줄 알고 차츰 줄어들었다.

　넷째 날, 이제는 아무도 따라오지 않는 것을 보고 북문 밖에서 스스로 관을 열고 들어가면서 지나가는 사람에게 관 뚜껑에 못을 박아 달라고 했다. 고을 사람들이 이 소식을 듣고 몰려나와 관을 열어 보았다. 시신은 보이지 않고 허공 중에서 요령 소리만 은은히 들려왔다.

들꽃을 옮겨 심다

　오늘 아침 뒤뜰에서 개망초를 꺾어다가 오지 항아리에 꽂았더니 볼만하다. 아니, 볼만하다가 아니라 볼수록 아주 곱다. 개망초는 산자락이나 밭두둑 어디서나 마주치는 흔한 꽃이다. 너무 흔하기 때문에 꽃 대접을 제대로 받지 못한다.

　스치고 지나면서 눈여겨보지 못했는데 가까이서 두고 보니 아주 사랑스런 꽃이다. 꽃이 흰빛인 줄만 알았는데 가까이서 보면 눈에 띌 듯 말 듯 연한 보랏빛을 머금고 있다. 그리고 그 어떤 화병보다도 오지 항아리하고 잘 어울린다. 이런 걸 찰떡궁합이라고 하는지 모르겠다.

　어디서나 지천으로 피어 있기 때문에 개망초의 아름다움

을 미처 몰랐는데 잘 어울리는 그릇을 만나자 꽃은 가려진 자신의 속뜰을 활짝 열어 보이고 있다. 이 일이 오늘 하루 명상의 실마리가 되었다.

장마철에 가끔씩 날이 들면 장화를 신고 대지팡이를 끌며 숲길을 어슬렁거렸다. 7월의 들꽃 중에서는 나리가 가장 눈에 띈다. 그중에도 꽃잎이 가늘고 여린 '하늘말나리'가 발길을 멈추게 한다. 들꽃은 그 꽃이 저절로 자라는 그 장소에서 보아야 제대로 볼 수 있다. 꽃만 달랑 서 있다면 무슨 아름다움이겠는가. 덤불 속에 섞여서 피어 있을 때 그 꽃이 지닌 아름다움과 품격이 막힘없이 드러난다.

이런 자연의 조화調和를 잘 알면서도 엊그제 나는 '하늘말나리'를 몇 그루 내 오두막으로 데려왔다. 가까이에 두고 싶어서였다. 부엌 들창문을 열면 요즘 원추리가 무리지어 꽃대를 들어 올리고 있다. 그 곁에 하늘말나리를 심었다. 잘 어울린다. 부엌일을 하면서도 눈길은 연방 하늘말나리 쪽으로 간다. 이따금 고추잠자리가 그 여린 꽃에 잠깐 머물기도 한다. 하늘말나리가 지고 나면 뒤를 이어 원추리가 피어날 것이다.

오대산으로 들어가는 초입에 '자생식물원'이 있는데, 거기에 가면 희귀한 들꽃도 구경하고, 꽃나무 모종도 구할 수 있다. 7, 8월이면 다리 건너에 산수국의 군락지가 있어, 다른 데서는 보기 드문 산수국의 아름다움을 마음껏 누릴 수 있다.

오두막 묵정밭에 전나무, 자작나무, 가문비나무, 복숭아나무, 모란과 함께 마가목을 여남은 그루 심었었다. 가을이면 주렁주렁 매달린 빨간 열매도 일품이지만 산에서는 겨울철에 마가목을 달여 차로 마신다. 그런데 풀 베는 일꾼이 화목에는 무지해서 죄다 베어 버리고 단 한 그루만 겨우 남겨 두었다. 미리 일러두었는데도 그랬다.

파리 길상사에서 지하철을 타기 위해 걸어서 가는 길가의 가로수가 마가목인데 가을이면 눈이 시리도록 그 열매를 볼 수 있다.

뜰가에 회나무가 한 그루 무성하게 가지를 펼치고 있다. 10여 년 전 양재동 나무시장에서 어린 묘목을 사다 심었었다. 모진 추위를 어렵게 어렵게 견뎌 내더니 올해 처음으로 가지 끝에 꽃망울이 부풀어 올랐다. 회나무가 어린 시절, 나는 차를 마시고 나서 우려낸 잎을 회나무에 주면서 나하고 잘 지내자며 그를 쓰다듬으면서 달래 주었었다.

이제 그 보답으로 꽃을 피우려는 모습을 지켜보면서, 식물은 들인 공을 결코 저버리지 않는다는 사실 앞에 숙연해

졌다. 사람인 우리는 살아 있는 나무와 꽃들에게 많은 것을
배워야 한다.

이 여름 당신 곁에서는 어떤 꽃과 나무들이 당신의 가슴
에 말을 걸고 있는가?

우리가 살 만한 곳은 어디인가

한곳에서 12년을 살다 보니 무료해지려고 했다. 내 인생의 60대를 이 오두막에서 보낸 셈이다. 처음 이곳에 들어올 때는 사람 없는 곳에서 한두 철 지내려던 것이 어느새 훌쩍 열두 해가 지났다. 돌아보면, 한 생애도 이렇듯 꿈결처럼 시냇물처럼 덧없이 흘러가리라.

지난 한 해 동안은 내 마음이 떠서 한곳에 정착하지 못했었다. 여기저기 기웃거리며 새로운 삶을 시도했다. 그러다가 올봄에 생각을 돌이켜 다시 이 오두막에 마음을 붙이기로 했다.

그대로 주저앉을 수가 없어 내 성미대로 봄내 집 일을 했다. 삭아서 주저앉은 마루를 갈고, 비가 새는 지붕 천장을 덧댔다. 온갖 파충류들의 은신처인 바깥마루를 뜯어내고 거기 구들을 놓았다. 바깥마루 천장에는 '93년 입하절에 보수하다'라는 기록이 남아 있다. 내가 이곳에 들어온 그 이듬해다.

주방도 너무 낡아 죄다 뜯어내고 새로 갈았다. 집 안으로 물이 들어오도록 개울물을 이용해 수도를 놓았다. 불을 지필 때마다 틈새로 연기가 새던 낡은 무쇠난로를 들어내고 새것으로 들여놓았다. 창 바르고 도배할 일이 남았지만 지쳐서 일단 쉬기로 했다.

누가 보면 천년만년 살 것처럼 저러나 싶겠지만 일단 내가 몸담아 사는 주거공간은 내 삶의 터전이므로 내 식대로 고쳐야 한다. 오늘 살다가 내일 떠나는 일이 있더라도 오늘 내 마음이 내켜서 하는 일이라면 그렇게 하는 것이 내 가풍이기도 하다. 그리고 수행자가 살다가 간 빈자리를 누가 와서 살더라도 덜 불편하도록 하는 것이 또한 내 도리이고 지론이다.

지난해 봄 고랭지의 선연한 빛깔에 매혹되어 작약을 1백 그루나 화원에서 사다가 뜰가에 심었는데, 집을 비운 사이 한 포기도 남기지 않고 모조리 캐 간 도둑이 있었다. 언젠가도 이야기한 바 있지만 폭설로 길이 막히기 전에 미리 올려다 놓은 취사용 가스를 모조리 못쓰게 만든 그런 손도 있었다.

이런 일을 겪을 때마다 같은 사람의 처지에서 인간의 소행에 대해서 생각하지 않을 수 없다. 조선 영조 때 실학자 이중환이 지은 〈택리지擇里志〉라는 책이 있는데 우리나라 전역에 걸쳐 지형, 풍토, 풍속, 교통, 각 지방의 고사, 인물에 이르기까지 자세히 서술하고 있다.

그는 사람이 살 만한 조건으로 네 가지를 꼽고 있는데, 자연과 인문사회적인 조건과 함께 그 고장의 인심을 들고 있다. 그의 말을 들어 보자.

"사람이 살 만한 터를 잡는 데는 첫째, 땅과 산과 강 등 지리가 좋아야 하고, 둘째는 땅에서 생산되는 것이 좋아야 하며, 셋째는 인심이 좋아야 하고, 넷째는 아름다운 산과 물이 있어야 한다. 이 네 가지 중 어느 하나라도 모자라면 살기 좋은 곳이 아니다."

꿈같은 이야기다. 21세기, 바야흐로 정보화의 물결이 넘치고 있는 이 땅에서는 어느 고장을 가릴 것 없이 황량하고 흉포해진 인심의 평준화를 이루고 있다. 사바세계의 인간 말종의 실상을 그대로 연출하고 있는 것 같다.

그러나 이 세상은 우리가 의지해 살아가야 할 곳이다. 못

된 인심보다는 그래도 착한 인심이 훨씬 많다. 우리 둘레에는 예나 다름없이 철 따라 꽃이 피고, 새들이 찾아오고, 마른 나뭇가지에서 새잎이 펼쳐지고 있다. 그리고 내 오두막에서도 여전히 물이 흐르고 꽃이 피고, 우리 봉순이(박항률 화백이 법정 스님에게 그려 준 단정한 얼굴에 단발머리, 노란색 웃옷에 보랏빛 스카프를 두른 소녀 상. 봉순이란 이름은 법정 스님이 붙여 준 그림 속 소녀의 이름이다 – 편집자 주)가 나를 기다리고 있다.

좋은 말씀을 찾아

지난 4월 길상사의 법회 때였다. 법회를 마치고 나면 내 속은 텅 빈다. 되는 소리 안 되는 소리 쏟아 놓고 나면 발가벗은 내 몰골이 조금은 초라하게 느껴진다. 이런 때는 혼자서 나무 아래 앉아 있거나 흐르는 개울가에 앉아 개울물 소리를 듣고 싶다. 굳이 표현을 하자면 나는 홀로 있고 싶다.

남자 불자 한 분이 법회가 끝나자마자 내 뒤를 바짝 따라오더니 가사 장삼을 벗어 놓기가 바쁘게 가지고 온 책을 한 권 펼치면서 '좋은 말씀'을 한마디 거기에 적어 달라고 했다. 나는 방금 좋은 말이 될 것 같아 쏟아 놓았는데 그에게는 별로 좋은 말이 못 된 것 같았다. 씁쓸한 생각이 들었다.

화두 삼아 지닐 테니 부득부득 써 달라고 했다. '나는 누구인가?'라고 써 주었다. 그는 이 말이 성에 차지 않았는지 다시 좋은 말씀을 써 달라고 했다. 말귀를 못 알아듣는 이런 사람에게 더 할 말이 어디 있겠는가. 하는 수 없이 그의 요구대로 '좋은 말씀'이라고 종이에 가득 찰 만큼 크게 써 주었다.

우리는 좋은 말씀을 듣기 위해 바쁜 일상을 쪼개어 여기 저기 찾아다닌다. 그러나 기대와는 달리 번번이 실망하기 일쑤다. 도대체 그 좋은 말씀이란 무엇인가? 또 어디에 좋은 말씀이 있는가? 그리고 무엇 때문에 그 좋은 말씀을 듣고자 하는가?

아무리 좋은 말씀이 우리를 기다리고 있다 할지라도 나 자신이 들을 준비가 되어 있지 않으면 그 어떤 좋은 말씀도 내게는 무연하고 무익하다. 그리고 좋은 말씀(좋은 가르침)은 사람의 입을 거쳐서만 나오는 것은 결코 아니다. 천지 만물이 그때 그곳에서 좋은 가르침을 펼쳐 보이고 있지 않은가.

요즘은 내 거처를 찾는 사람이 없지만, 불일암 시절에는 찾아오는 사람들이 드물지 않았다. 그때 찾아온 이유가 하나같이 좋은 말을 들으러 왔다고 했다. 그런 때면 나도 한결같이, 모처럼 산을 찾아왔으니 우선 그 좋다는 말로부터 자유로워지라고 일러 준다.

우리가 어려서부터 지금까지 살아오면서 귀에 못이 박이도록 좋은 말씀을 얼마나 많이 들어왔는가. 지금까지 얻어들은 좋은 말씀만 가지고도 누구나 성인이 되고도 남았을 것이다. 그런데 어째서 좋은 말씀을 매번 또다시 들으려고 하는가.

말씀(가르침)이란 그렇게 살기 위한 하나의 방편에 지나지 않는다. 실제의 삶에 이어지지 않으면 말이란 공허하다. 자기 체험이 없는 말에 메아리가 없듯이 그 어떤 가르침도 일상적으로 생활화되지 않는다면 무익하다.

새 말씀을 들으려면 지금까지 얻어들어 온 말씀들로부터 풀려나야 한다. 거기에 갇혀 있거나 걸려 있으면 새로운 가르침이 들어설 수 없다. 예술의 용어를 빌리자면 '창조적인 망각'이라고 한다. 텅텅 비워야 비로소 메아리가 울린다는 소식이다.

깨어 있고자 하는 사람은 바로 그 순간을 살 줄 알아야 한다. 좋은 친구란 주고받는 말이 없어도 마음이 편하고 투명하고 느긋하고 향기로운 사이다. 그 밖에 또 무엇을 찾는다면 그것은 헛된 욕심이고 부질없는 탐욕이다. 자신에게 주어진 바로 그 순간을 놓치지 말아야 한다.

좋은 말씀은 어디에 있는가?

그대가 서 있는 바로 지금 그곳에서 자기 자신답게 살고 있다면, 그 자리에 좋은 말씀이 살아 숨쉰다. 명심하라.

바라보는 기쁨

산중에 갇혀서 살다 보면 문득 바다가 그리울 때가 있다. 국이 없는 밥상을 대했을 때처럼 뻑뻑한 그런 느낌이다.

오두막에서 차로 한 시간 남짓 달려가면 바다와 마주할 수 있다. 아득히 멀고 드넓은 끝없는 바다. 아무것도 거치적거릴 게 없는 훤칠한 바다. 일망무제一望無際의 바다를 대하면 그저 상쾌 상쾌! 그중에도 겨울 바다는 보는 사람의 핏줄에 시퍼런 기상을 전해 준다.

지난 연말에 4차로로 확장 개통된 동해고속도로. 하행선 동해휴게소는 이 땅에서 바다를 바라보기에 가장 뛰어난 전망대다. 마치 캘리포니아 해안선에서 태평양을 대했을 때의 그런 상쾌하고 장엄한 전망이다.

이와 같은 전망을 남해나 서해에서는 보기 어렵다. 가는 데마다 양식장의 부표 때문에 너절하고 어수선하기 짝이 없다. 그러나 동해는 수심이 깊고 파도가 쳐서 양식이 어려운 덕에 때 묻지 않은 원시의 바다를 이루고 있다.

바다다운 바다를 보려면 쾌청한 날씨여야 한다. 하늘빛이 곧 바다 빛을 이루기 때문이다. 우중충한 날은 바다 또한 우중충하다. 그리고 바다는 눈높이에서가 아니라 언덕에 올라 멀리 내다보아야 바다의 속얼굴을 만날 수 있다.

돌아오는 길은 조금 더 내려가 망상인터체인지에서 상행선을 탈 수 있다. 바다를 가까이서 보기 위해 망상해수욕장에 들렀다가 이내 후회했다. 철이 지난 썰렁한 해수욕장은 여기저기 너절한 시설물들이, 바라보기에 그토록 싱그럽던 바다를 더럽히고 있었다. 비본질적인 것들이 바다의 본질을 훼손하고 있었다. 이 일을 두고 그날의 화두를 삼았다.

사람과 사람 사이도 그렇다. 너무 가까이서 자주 마주치다 보면 비본질적인 요소들 때문에 그 사람의 본질(실체)을 놓치기 쉽다. 아무리 좋은 사이라도 늘 한데 어울려 치대다 보면 범속해질 수밖에 없다. 사람과 사람 사이는 그리움과 아쉬움이 받쳐 주어야 신선감을 지속할 수 있다. 걸핏하면 전화를 걸고 자주 함께 어울리게 되면 그리움과 아쉬움이

고일 틈이 없다.

습관적인 만남은 진정한 만남이 아니다. 그것은 시장 바닥에서 스치고 지나감이나 다를 바 없다. 좋은 만남에는 향기로운 여운이 감돌아야 한다. 그 향기로운 여운으로 인해 멀리 떨어져 있어도 함께 공존할 수 있다.

사람이 향기로운 여운을 지니려면 주어진 시간을 값없는 일에 낭비해서는 안 된다. 탐구하는 노력을 기울여 쉬지 않고 자신의 삶을 가꾸어야 한다. 흙에 씨앗을 뿌려 채소를 가꾸듯 자신의 삶을 조심조심 가꾸어 나가야 한다. 그래야 만날 때마다 새로운 향기를 주고받을 수 있다.

전에는 상행선 휴게소가 길 건너 맞은편에 있었는데 지금은 조금 올라가 있다. 이름은 옥계휴게소. 새로 번듯한 휴게소 건물을 지어 상층에는 해돋이를 볼 수 있는 공간도 있다.

동해휴게소보다 더 가까이서 바다를 볼 수 있다. 그러나 유감스럽게도 왼쪽에 시멘트 공장 건물이 바다의 한쪽을 가리고 있다. 바다는 파도 소리가 들릴 만큼 가까이에 있지만 시야는 좁다. 동해휴게소 쪽이 훨씬 드넓고 시원스럽게 보인다.

그렇다, 사람도 얼마쯤의 거리를 두고 보아야 제대로 볼 수 있다. 너무 가까이서 대하다 보면 자신의 주관과 부수적인 것들에 가려 그의 인품을 제대로 이해하기 어렵다.

　사람이든 사물이든 또는 풍경이든 바라보는 기쁨이 따라야 한다. 너무 가까이도 아니고 너무 멀리도 아닌, 알맞은 거리에서 바라보는 은은한 기쁨이 따라야 한다.

어떤 주례사

며칠 전 한 친지가 느닷없이 자기 아들 결혼식에 나더러 주례를 서 달라고 했다. 유감스럽지만 내게는 '주례 면허 증'이 없어 해 줄 수 없다고 사양했다. 나는 내 생애에서 단 한 번 처음이면서 마지막인 주례를 3년 전 6월 어느 날 선 적이 있다. 그날 이런 요지의 말을 했다.

나는 오늘 일찍이 안 하던 짓을 하게 됐다. 20년 전에 지 나가는 말로 대꾸한 말빚 때문이다. 사람은 자기가 한 말에 책임을 져야 한다. 사람만이 책임을 질 줄 안다.

오늘 짝을 이루는 두 사람도 자신들이 한 말에 책임을 져 야 한다. '믿음과 사랑으로 하나 되어 세상에 서겠다'고 했

으니(청첩장에 박힌 그들의 말이다) 그 믿음과 사랑으로 하나
되어 끝까지 책임을 져야 한다. 무릇 인간관계는 신의와 예
절로써 맺어진다. 인간관계가 단절되는 것은 그 신의와 예
절을 소홀히 하기 때문이다.

두 사람은 같은 공간대, 같은 시간대에서 부부로서 만난
인연을 늘 고맙게 생각하라. 60억 인구이니 30억 대 1의 만
남이다. 서로 대등한 인격체로 대해야지 집 안의 가구처럼
당연한 존재로 생각하지 말라.

각자 자기 식대로 살아오던 사람들끼리 한집 안에서 살
아가려면 끝없는 인내가 받쳐 주어야 할 것이다. 자신의 입
장만 내세우지 말고 맞은편의 처지에서 생각한다면 이해와
사랑의 길이 막히지 않을 것이다.

아무리 화가 났을 때라도 말을 함부로 쏟아 버리지 말라.
말은 업이 되고 씨가 되어 그와 같은 결과를 가져온다. 결
코 막말을 하지 말라. 둘 사이에 금이 간다. 누가 부부싸움
을 칼로 물베기라고 했는가. 싸우고 나면 마음에 금이 간
다. 명심하라. 참는 것이 곧 덕이라는 옛말을 잊지 말라.

탐구하는 노력을 기울이지 않으면, 그 누구를 물을 것 없
이 신속 정확하게 속물이 되고 만다. 공통적인 지적 관심사
가 없으면 대화가 단절된다. 대화가 끊어지면 맹목적인 열

기도 어느덧 식고 차디찬 의무만 남는다.

삶의 동반자로서 원활한 대화의 지속을 위해, 부모님과 친지들이 지켜보는 이 자리에서 숙제를 내주겠다.

숙제 하나,

한 달에 산문집 2권과 시집 1권을 밖에서 빌리지 않고 사서 읽는다. 산문집은 신랑 신부가 따로 한 권씩 골라서 바꿔 가며 읽고 시집은 두 사람이 함께 선택해서 하루 한 차례씩 적당한 시간에 번갈아 가며 낭송한다.

가슴에 녹이 슬면 삶의 리듬을 잃는다. 시를 낭송함으로써 항상 풋풋한 가슴을 지닐 수 있다. 사는 일이 곧 시가 되어야 한다.

1년이면 36권의 산문집과 시집이 집 안에 들어온다. 이와 같이 해서 쌓인 책들은 이다음 자식들에게 어머니와 아버지의 삶의 자취로, 정신의 유산으로 물려주라. 그 어떤 유산보다도 값질 것이다.

숙제 둘,

될 수 있는 한 집 안에서 쓰레기를 덜 만들도록 하라. 분에 넘치는 소비는 더 말할 것도 없이 악덕이다. 살아가는 데 없어서는 안 될 꼭 필요한 것 외에는 그 어떤 것도 아예 집 안에 들여놓지 말라. 광고에 속지 말고 충동구매를 극복하라. 가진 것이 많을수록 빼앗기는 것 또한 많다는 사실을 상기하라. 적게 가지고도 멋지게 살 수 있어야 한다.

그날은 두 사람 다 숙제를 이행하겠다고 대답했지만 그 뒤 소식은 알 수 없다. 숙제의 이행 여부는 이다음 삶의 종점에서 그들의 내신성적으로 반영될 것이다.

인디언의 지혜에 귀를 기울이자

지난 연말 남아시아의 지진 해일로 인해 30만 명이나 되는 사람들이 순식간에 희생되었다. 일찍이 없었던 끔찍한 재난이다. 요즘 지구촌 곳곳에서 일어나는 기상이변을 보면서 앞으로 닥칠 자연재해에 대한 예고 같아서 불길하고 두려운 생각이 든다.

지구는 무기물이 아니라 살아 있는 생명체다. 건강할 때가 있고 병들 때가 있다. 지구는 지금 크게 앓고 있다. 그 위에 서식하는 '물것들'이 지구에게 너무도 많은 상처를 입히고 있기 때문이다. 지구에게 상처를 입히는 것은 결과적으로 그 지구를 의지해 살아가는 우리 자신에게 상처를 입히는 일이 된다.

현대문명은 석유에 기반을 둔 허약한 문명이다. 지구에 구멍을 뚫어 끝없이 퍼내고 있다. 그리고 그것을 태워 지구를 더럽히면서 지구의 체온을 높이고 있다. 이래서 지구가 앓게 된 것이다.

이 지구를 어머니로 여긴 미대륙의 원주민(이른바 아메리카 인디언)의 지혜가 지구의 재난 앞에서 절실히 요구되고 있는 현실이다.

2000년 인디언 부족회의에서는 '미국에게 주는 성명서'를 채택했다. 거기 이런 구절이 들어 있다.

"생명 가진 모든 것들을 존중할 때만이 그대들은 성장할 수 있다. 어머니 대지를 사랑하고 존중하기를 우리는 기도드린다. 대지는 인간 생존의 원천이다. 이다음에 올 여행자들을 위해 이 대지를 더 이상 더럽히는 것을 막아야 한다.

물과 공기와 흙과 나무와 숲, 식물과 동물들을 보호하라. 한정된 자원을 함부로 쓰고 버려서는 안 된다. 보존을 최우선으로 삼아야 한다. 위대한 정령은 우리에게 이 대지를 소유하라고 준 것이 아니라 잘 보살피라고 맡긴 것이다. 우리가 대지를 보살필 때 대지 또한 우리를 보살필 것이다. 서로 다른 것들이 평화롭게 공존할 수 있는 법을 배우게 되기를 우리는 기도드린다."

이것은 대량생산, 대량소비, 대량폐기의 덫에 걸려 헤어나지 못하고 있는 현대인에게 보내는 엄중한 경고이기도 하다.

체로키족의 '구르는 천둥'은 말한다.

"대지는 지금 병들어 있다. 인간이 대지를 잘못 대해 왔기 때문이다. 머지않은 미래에 큰 자연재해가 닥칠 것이다. 대지가 자신의 병을 치료하기 위한 시도로 몸을 크게 뒤흔들 것이다."

20세기를 대표한 인디언 지도자 '토마스 반야시아'는 다음과 같이 말한다.

"현대사회의 모든 문제는 인간이 물질적인 추구에 너무 매달리기 때문에 오는 것이다. 그것을 해결하기 위해서는 모든 생명 가진 존재들과 자신이 하나로 연결되어 있음을 자각하는 일이 무엇보다 중요하다.

날로 늘어만 가는 전쟁, 폭력, 인간이 저지른 잘못들 때문에 찾아오는 자연재해 등으로부터 살아남을 수 있는 유일한 길은 단순하고 간소한 생활 그리고 정신적인 추구에 있다.

50년 전 한 늙은 인디언이 말했다. 여자들이 이 세상을 구원하는 역할을 해야 한다고. 남자들이 이 세상에다 어질

러 놓은 것을 정리하고 치울 사람은 여자들뿐이라고 그 노
인은 말했다."

모성적인 사랑이 우리를 구원한다는 뜻이다. 정화는 개
개인의 가정에서부터 시작되어야 한다는 교훈이다.

녹슬지 않는 삶

이 산중에 책과 차가 없다면 무슨 재미로 살까 싶다. 책이 있어 말벗이 되고 때로는 길을 인도하는 스승이 되어 준다. 그리고 차를 마시면서 생각을 가다듬는다.

사람은 책을 읽어야 생각이 깊어진다. 좋은 책을 읽고 있으면 내 영혼에 불이 켜진다. 읽는 책을 통해서 사람이 달라진다.

깨어 있고자 하는 사람은 항상 탐구하는 노력을 기울여야 한다. 배우고 익히는 일에 활짝 열려 있어야 한다. 독서는 누구나 쉽게 접할 수 있는 탐구의 지름길이다.

그 누구를 가릴 것 없이, 배우고 찾는 일을 멈추면 머리가 굳어진다. 머리가 굳어지면 삶에 생기와 탄력을 잃는다.

생기와 탄력이 소멸되면 노쇠와 죽음으로 이어진다.

옛 선인들은 고전을 읽으면서 인간학을 배웠다. 자신을 다스리고 높이는 공부를 했던 것이다. 먼저 자신의 마음과 행실을 바르게 하도록 심신을 닦고 나서 세상일에 참여했다. 고전에서 배우고 익힌 소양으로 인간이 지녀야 할 몸가짐과 품위를 닦았던 것이다.

현재와 과거를 물을 것 없이 말끝마다 개혁을 내세웠던 역대 정권 아래서 공직자들의 부정과 부패와 비리가 하루도 쉴 새 없이 이어지고 있는 것은 한마디로 그들이 일찍이 인간학을 배우지 않았기 때문이다. 인간다운 자세와 품위에 대해서 깊이 생각해 보지 않았기 때문에 돈의 유혹에 꺾이고 만 것이다.

인간 형성의 터전인 학창시절에 고전에 대한 이해가 있어야 하는데 잘못된, 크게 잘못된 이 땅의 입시 위주 교육 제도 때문에 인간의 윤리관을 이룰 수 없게 된 것이다.

부정부패를 원천적으로 없애려면 검찰 당국에 수고를 끼칠 것 없이 인류의 지혜인 고전을 배우고 익혀 개개인이 자기 자신을 다스리는 공부부터 해야 한다. 따라서 공직자를 채용하는 시험에서도 반드시 고전에 대한 이해가 출제되어야 할 것이다.

조선 영조 때 사람, 유중림이 지은 〈산림경제山林經濟〉 중 '독서 권장하기'에 이런 글이 실려 있다.

"글이란 읽으면 읽을수록 사리를 판단하는 눈이 밝아진다. 그리고 어리석은 사람도 총명해진다. 흔히 독서를 부귀나 공명을 얻기 위한 수단으로 여기는 사람들이 있는데 그런 사람들은 독서의 진정한 즐거움을 모르는 속된 무리다."

송나라 때의 학자 황산곡은 말했다.

"사대부는 사흘 동안 책을 읽지 않으면 스스로 깨달은 언어가 무의미하고, 거울에 비친 자신의 얼굴을 바라보기가 가증스럽다."

배가 고프면 음식을 먹듯이 사람은 정신의 음식인 책도 함께 받아들여야 한다. 1년 365일을 책다운 책 한 권 제대로 읽지 않고 지내는 사람이 있다면 그의 삶은 이미 녹슬어 있다.

옛글에 또 이런 구절이 있다.

"어릴 때부터 책을 읽으면 젊어서 유익하다. 젊어서 책을 읽으면 늙어서 쇠하지 않는다. 늙어서 책을 읽으면 죽어서 썩지 않는다."

새해에는 마음먹고 책 좀 읽었으면 하는 바람에서 이런 잔소리를 늘어놓은 것이다.

새해 복 많이 받으십시오. 그 복 속에 책도 함께 들어 있기를.

또 한 해가 빠져나간다

인도에서 불교와 거의 같은 시기에 생긴 자이나교는 불살생계를 엄격하게 지키는 종교이다. 그들은 도덕적인 고행 생활을 강조한다.

그들에게는 1년에 한 번 '용서의 날'이 있다. 그날 자이나교도는 지난 한 해를 돌아보고 땅과 공기, 물과 불, 동물과 사람 등 모든 존재에게 해를 끼친 행동을 낱낱이 기억해내면서 하루 동안 단식을 한다.

그들은 자신이 저지른 허물을 하나하나 상기하면서 용서를 구한다. 자신이 해를 끼쳤거나 생각과 말과 행위에 맞섰던 사람들을 찾아가 용서를 구한다.

"나는 당신을 용서했습니다. 당신에 대한 원한은 갖고 있지 않으며 내 마음속에 미움이나 불만을 품고 있지도 않습니다. 이제부터 나는 당신의 친구입니다. 내게는 어떤 적도 없습니다. 똑같은 영혼을 지닌 당신도 나를 용서하기 바랍니다."

멀리 떨어져 찾아갈 수 없는 사람에게는 편지를 쓴다. 그런 다음에야 단식을 중단한다.

이와 비슷한 의식은 일찍이 불교 교단에서도 행해졌다. 자자自恣가 그것이다. 안거가 끝나는 날, 대중이 선출한 자자를 받는 사람 앞에 나아가 안거 중에 자신이 범한 잘못이 있었다면 기탄없이 지적해 달라고 말한다. 이와 같이 세 번 거듭하여 만약 잘못이 있어 지적당하면 그 자리에서 참회한다.

이와 같은 '용서의 날'이나 '참회'는 묵은 허물을 훌훌 털어 버리고 새롭게 시작하려는 의지에서 생긴 신앙적인 의식이다. 자신이 범한 업의 찌꺼기를 말끔히 청산하고 과거로부터 자유로워진 삶을 새롭게 시작하기 위해서다.

한 장밖에 남지 않은 달력을 바라보면서 지나온 한 해를 되돌아본다. 내게서 또 한 해가 빠져나간다는 사실을 직시하면서, 잘 산 한 해였는지 잘못 산 한 해였는지를 헤아린다. 내가 누구에게 상처를 입혔거나 서운하게 했다면, 이

자리를 빌려 용서를 구하고 참회를 하고 싶다. 맞은편과 나 자신에게 다 같이 도움이 되는 일이기 때문이다.

몸놀림이 불편한 한 노스님이 한밤중에 잠에서 깨어나자 몹시 목이 말랐다. 물을 마시고 싶어 옆방에서 자는 시자를 불렀지만 깊은 잠에 빠져 깨어나지 않았다.

잠시 뒤에 누군가가 시자의 방문을 두드리면서 "노스님께서 물을 찾으시오"라고 말했다.

깊은 잠에 빠졌던 시자가 벌떡 일어나 물 사발을 받쳐 들고 노스님 방으로 들어갔다. 노스님은 놀라면서 물었다.

"누가 너에게 물을 떠 오라 하더냐?"

시자는 대답했다.

"누군가가 방문을 두드리면서 노스님께서 물을 찾으신다고 했습니다."

이 말을 듣고 노스님은 탄식했다.

"이 늙은이가 수행하는 법을 잘 모르고 있었구나. 만일 참으로 수행할 줄 알았다면 사람도 느끼지 못하고 귀신도 알지 못해야 하는데, 오늘 밤 나는 도량신(토지신)에게 내 생각을 들키고 말았다."

청정한 도량에는 도량신이 그곳에 사는 수행자를 낱낱이 지켜보고 있다. 〈천수경〉에서도 도량이 청정하면 불법승 삼

보와 옹호신장들이 그곳에 깃든다고 했다.

　수행자뿐 아니라 깨어 있고자 하는 사람은 기거동작이 밝고 활달하고 분명해야 한다. 어둡고 음울하고 불분명함은 진정한 삶이 아니다. 그런 사람은 자신만이 아니라 만나는 이웃에게 어두운 그림자를 드리운다. 한 해가 기우는 길목에서 다 같이 명심할 일이다.

한동안 내가 맡아 가지고 있던 것들을 새 주인에게 죄다 돌려 드리고 싶다. 누구든지 나와 마주치는 사람들은 내게 맡겨 놓은 것들을 내가 먼 길을 떠나기 전에 두루두루 챙겨 가기 바란다. 그래서 이 세상에 올 때처럼 빈손으로 갈 수 있도록 해 주기 바란다.

오래된 것은
것은
아름답다

개울가에 얼음이 얼기 시작한다

11월을 아메리카 인디언들은 '모두 다 사라진 것은 아닌 달'로 불렀다. 평원에 들짐승들의 자취가 뜸해지고 나무에서 잎이 떨어져 내린다. 지상에 무성했던 것들이 수그러든다. 그렇지만 모두 다 사라진 것은 결코 아니다. 한동안 비웠다가 때가 되면 다시 채워질 것들이다.

11월이 내 둘레에서는 개울가에 얼음이 얼기 시작하는 달이다. 첫서리가 내린 아침 적갈색 다기를 내놓았는데, 며칠을 두고 써 보아도 정이 가지 않는다. 쓰임새도 좋고 모양도 그만한데 웬일인지 그릇에 마음이 붙지 않는다.

이 일을 두고 생각하니 인간사도 마찬가지일 것 같다. 오랜 세월 오며 가며 지내도 정이 가지 않고 떨떠름한 경우가 있다. 그런가 하면 오래 사귀지 않았는데도 서로 마음의 길이 이어져 믿고 따르는 사이도 있다. 한때는 맹목적인 열기에 들떠 결점도 장점으로 착각하기 일쑤지만 그 열기가 가시고 나면 밝은 눈으로 실체를 제대로 볼 수 있다. 세월이 눈을 뜨게 한다.

솔직히 말해서 나는 사람을 포함한 동물보다 나무와 꽃들을 더 좋아하는 편이다. 산에서 살면 동물보다 식물을 더 가까이 대할 수 있기 때문인지 모르겠다. 식물은 동물에 비해서 그 속이 복잡하지 않고 단순하고 소박하고 지극히 자연스럽다. 정직하고 진실한 덕과 시원한 그늘과 향기를 지니고 있다. 그리고 나무와 꽃들은 자신이 어떻게 처신해야 할 것인지 그 시기를 잘 안다. 결코 어기는 일이 없다.

오두막 뜰가에 소나무가 네 그루 정정하게 자라고 있는데, 그중 한 나무에 전에 없이 솔방울이 많이 매달렸다. 웬일인가 싶어 살펴보니 몇 해 전 폭설로 한쪽 가지가 꺾여 나간 바람에 맞은쪽 가지의 무게 때문에 나무가 한쪽으로 많이 기울었다.

나무는 위기를 느끼고 자신의 뒤를 잇도록 씨앗이 담긴 솔방울을 많이많이 만들어 낸 것이다. 이런 걸 보면 탐욕스런 사람들보다는 나무 쪽이 훨씬 지혜롭다. 이 산중에서 함께 사는 인연으로 단단한 물푸레나무로 받침대를 해 주었다. 내가 곁에서 거들 테니 걱정 말고 잘 지내라고 일러 주었다. 그 소나무는 가지에 보름달을 올려 한밤중에 나를 불러내었다. 이래서 산에서 사는 나는 사람보다도 나무를 더 좋아하는 것 같다.

고대 인도의 위대한 왕, 아쇼카[15]는 모든 국민들이 최소한 다섯 그루의 나무를 심고 돌보아야 한다고 선포했다.

그는 국민들에게 치유력이 있는 약나무와 열매를 맺는 유실수와 연료로 쓸 나무, 집을 짓는 데 쓸 나무, 꽃을 피우는 나무를 심을 것을 권장했다. 아쇼카 왕은 그것을 '다섯 그루의 작은 숲'이라 불렀다고 한다.

이 글을 읽는 당신은 지금까지 몇 그루의 나무를 심고 돌보았는가. 우리나라 기후로는 입동 무렵이 나무를 옮겨 심기에 가장 적합한 때다. 그리고 나무들이 겨울잠에 들기 시작하는 이때가 거름을 주기에도 알맞은 때다. 나무를 심고 보살피면 가슴이 따뜻해진다.

오래된 것은 아름답다

얼마 전에 그전에 살던 암자에 가서 며칠 묵고 왔다. 밀린 빨랫거리를 가지고 가서 빨았는데, 심야전기 덕에 더운물이 나와 차가운 개울물에서보다 일손이 훨씬 가벼웠다. 탈수기가 있어 짜는 수고도 덜어 주었다. 풀을 해서 빨랫줄에 널어 말리고 다리미로 다리는 일도 한결 즐거웠다.

다락에서 아직도 쓰이고 있는 두 장의 걸레를 발견하고 낯익은 친구를 만난 듯 만감이 새로웠다. 이 걸레는 이 암자가 세워진 그날부터 함께 지내 온 청소 도구이다. 1975년 10월에 이 암자가 옛터에 새로 지어졌는데 그때 한 노보살님이 손수 걸레를 만들어 가져오셨다.

지금은 대개 타월을 걸레로 쓰지만 30년 전인 그 시절만

해도 해진 옷을 버리지 않고 성한 데를 골라 띄엄띄엄 누벼서 걸레를 만들어 썼다. 그때 대여섯 장 가져오셨는데 아직도 두 장이 남아 세월을 지키고 있다. 빨아서 삶았더니 아직도 말짱했다.

그곳에는 내가 다래헌 시절에 쓰던 양은 대야 두 개가 아직도 건재하다. 하나는 발을 씻거나 걸레를 빨 때 쓰는 하복대야이고, 이보다 조금 큰 것은 상복대야로 세수를 할 때 쓴다. 그때 무슨 생각에서였던지 하복대야 가장자리에 '67. 12. 3.'이라고 새겨 놓았다. 못을 대고 장도리로 또닥거려 점선으로 새겨 놓은 것이다.

37년 동안 세월의 풍상에 씻겨 많이 찌그러지고 벗겨지기도 했지만 아직도 대야로서 생명력을 지니고 있다.

이런 것이 시주 물건을 귀하게 여긴 전통적인 승가의 가풍이다. 그 시절에는 지구 생태계도 환경문제도 오늘처럼 심각하지 않았다. 물론 요즘은 절에서도 이런 검약한 가풍이 점점 사라져 가고 있다. 넘치는 물량 공세가 우리 정신을 병들게 한다.

그 많은 것을 차지하고서도 고마워하거나 만족할 줄을 모른다. 살아가는 데 꼭 필요하지도 않은 것들에 정신과 눈을 파느라고 세상의 아름다움을 바라볼 여유마저 잃어가고 있다.

그곳 위채 부엌문 한쪽 기둥에는 낡은 거울이 하나 걸려 있다. 가로 22센티미터, 세로 40센티미터. 뒤쪽 판자에 붓글씨로 '72년 7월 13일 손수 삭발 기념'이라고 씌어 있다.

중이 제 머리 못 깎는다는 속설이 있는데 이는 허무맹랑한 거짓말이다. 1972년 7월 13일 이전에는 나도 삭발할 때 남의 손을 빌렸었다. 때가 되면 우리 방에 와서 삭발해 주던 스님이 무슨 일로 병원에 입원하는 바람에 마음을 내어 손수 삭발을 시도했다. 한 군데도 잘못 베지 않고 말끔하게 삭발을 하고 나니 기분이 매우 좋았다.

그 전까지는 혼자서 산에 들어가 살면 삭발 일이 은근히 걱정이었는데 손수 삭발을 할 수 있어 대단히 기뻤다. 그 길로 동대문 시장 유리집에 가서 지금 거울을 사 온 것이다. 이 거울을 들여다보면서 삭발뿐 아니라 내 얼굴에 내린 세월도 함께 읽으면서 지내 왔었다.

오래된 것은 아름답다.

거기에는 세월의 흔적이 배어 있기 때문이다. 그 흔적에서 지난날의 자신을 되돌아볼 수 있다.

베갯잇을 꿰매며

베갯잇을 꿰맸다. 여름 동안 베던 죽침이 선득거려 베개를 바꾸기 위해서다. 처서를 고비로 바람결이 달라졌다.

모든 것에는 그 때가 있다. 쉬이 끝날 것 같지 않던 지겹고 무더운 여름도 이제는 슬슬 자리를 뜨려고 한다. 산자락에 마타리가 피고 싸리꽃이 피어나면 마른바람이 스쳐 지나간다.

해마다 겪는 여름철 더위인데, 방송과 신문마다 몇 년 만의 찜통더위라고 호들갑을 떨기 때문에 사람들은 기가 질려 더위를 더 탄다.

여름이 더운 것은 당연한 계절의 순환이다. 여름이 덥지 않고 춥다면 그것은 이변이다. 쌀을 주식으로 하는 우리는 여름철 더위 덕에 벼농사를 제대로 지을 수 있다. 그리고 식물은 이 무더운 여름철에 산소를 많이 만들어 낸다.

이와 같은 여름철 더위도 우리가 지금 살아 있기 때문에 느낀다. 죽은 사람들에게는 더위도 없다. 그러니 살아 있다는 사실에 감사할 수 있어야 한다. 이런 여름철 더위를 자신의 생애에서 몇 번이나 더 맞이할 수 있을지 한번 생각해 보라.

우리가 두려워해야 할 일은 지구 온난화로 인한 기상이변이다. 지난 몇 년을 두고 보더라도 기상이변은 갈수록 아주 심각해지고 있다. 전 지구적인 이 같은 현상은 석유와 석탄과 천연가스 등 화석연료에 기반을 둔 현대문명의 한 계점이다.

경제대국들의 과도한 산업화에 따른 과소비로 인해 지구 환경은 스스로를 조절하며 균형을 유지해 오던 그 능력을 잃어 가고 있다. 이것은 지구 생태계에 대한 무자비한 폭력이고 수탈이다. 화석연료는 사람이 만들지 못한다. 그리고 한 번 쓰면 그것으로 끝나는 재생 불가능한 지구 자원이다.

현대문명은 언제 고갈될지 모르는 화석연료에 기대고 있기 때문에 석유와 석탄, 가스 공급이 중단되면 그 자리에서 멈추어 폐허로 돌아갈지 모른다. 이와 같이 지속이 보장되지 않는 아주 허약하고 위태로운 문명이다.

원주민들의 씨를 말리고, 이것저것 너무 많이 차지하고, 이 나라 저 나라를 들쑤시며 살아온 미국민의 생활수준은 현재 그 어느 나라보다도 높다. 그러나 그들은 그들이 차지한 것만큼 결코 행복하지 않다. 자신들이 저지른 업의 파장에 의해 불안과 공포에 떨고 있다. 이것이 무슨 소식인가? 탐욕과 시기심과 오만과 어리석음이 가져온 그 열매일 것이다.

우리가 지구의 종말을 늦추려면 한 사람 한 사람이 저들을 닮으려는 그릇된 생활 습관부터 고쳐야 한다. 큰 것을 물리치고 작은 것으로써 만족할 줄 알아야 한다. 없어도 좋을 사치품이 필수품이 되지 않도록 해야 하고, 현재의 필수품을 낱낱이 점검하여 그 수를 줄여 간소화하도록 의지적인 노력을 기울여야 한다.

들꽃과 나무를 심고 가꾸기를 좋아하는 한 친지는 그 흔한 선풍기 하나 두지 않고 몇 자루 부채로 여름을 지낸다. 자연을 아끼고 사랑하는 그 삶의 모습이 이렇다. 지구 생태계의 위기 앞에서 우리가 일상에서 실천해야 할 일은 이렇듯 조그만 것에서부터 시작되어야 한다.

지금쯤 그 집 연못에는 백련이 피어 볼만할 것이다. 호랑

이보다 더 무서운 여름 손님이 되어서는 안 될 것 같아 연
꽃 만나러 가는 발길을 멈추고 있다.

차 덖는 향기

기온이 높고 습기가 많은 장마철은 차 맛이 떨어진다. 이 구석 저 구석을 정리하다가 까맣게 잊어버린 차 덖는 프라이팬을 찾아냈다. 자루에 '차 전용'이라고 표시까지 해 놓은 것이다.

떡 본 김에 제사 지낸다는 말도 있듯이 차 덖는 기구를 본 김에 차를 덖었다. 우선 뭉근한 불에 프라이팬을 데우면서 사나흘 마실 차를 덜어서 덖는다. 이때 조그만 대수저로 차를 저어야 차가 타지 않고 고루 덖어진다.

차 덖는 향기가 나기 시작하면 이내 프라이팬을 불에서 내려놓고 식혀야 한다. 자칫 때를 놓쳐 차를 태우면 헛일이기 때문이다. 식은 차는 차 통에 넣어 때에 따라 꺼내어 쓴다. 같은 차인데도 맛이 산뜻하다.

차 덖는 향기는 차 맛에 못지않다. 요즘은 시중에 차 향로가 있어 묵은 차를 넣고 티라이트를 켜 차 덖는 향기를 차와 함께 음미할 수 있다. 이때도 가끔 차 향로에 올려놓은 차를 뒤적여 주어야 차가 타지 않는다. 햇차는 아까우니까 이미 향기와 맛이 떨어진 묵은 차를 차 향로용으로 쓰면 된다.

15년 전 인도 여행 끝에 인도양의 진주로 불리는 스리랑카에 들렀을 때였다. 실론티의 명산지 누와라 엘리야, 해발 1,500에서 1,700미터 고지에서 질 좋은 홍차가 생산된다. 한 차 공장에 들렀을 때 건조실에서 생엽을 말리는 풋풋한 차 향기와 마주했다. 인도 평원을 다니면서 지칠 대로 지친 나그네의 몸과 마음이 그 고마운 차 향기로 인해 큰 위로를 받았었다. 지금도 잊히지 않는 차 향기!

인도 출신으로 녹색운동의 영성적 지도자인 사티쉬 쿠마르[16]가 지난봄 녹색평론사의 초청으로 우리나라를 다녀갔다. 그때 그가 한 강연의 내용이 〈녹색평론〉에 실렸다.

그가 20대의 젊은 시절, 어느 날 신문을 읽다가 영국의 철학자 버트란드 러셀[17] 경이 핵무기 반대 시위에 참여했다는 이유로 감옥에 갇혔다는 기사를 보고 큰 자극을 받는다.

'그는 90세의 나이에 세계평화를 위해 감옥에 갇혔다. 26세의 젊은 나는 도대체 무엇을 하고 있는가.'

이런 생각을 하면서 사티쉬 쿠마르는 자신은 26세의 노인이였고 그는 90세의 젊은이였다고 술회한다.

그는 이날의 충격으로 한 친구와 함께 인도의 뉴델리를 출발하여 모스크바, 파리, 런던, 워싱턴으로 세계여행을 떠난다. 그것도 다른 교통수단은 이용하지 않고 두 발로 걸어서 가기로 결심한다. 2년 반 동안 8천 마일을 걸으면서 땅을 밟고 꽃향기를 맡으면서 나무와 강을 바라보고 산과 사막을 지나다니면서 그는 진정한 의미의 평화를 경험한다.

그가 러시아를 여행할 때 여성 두 사람에게 평화의 메시지가 적힌 전단지를 건넨다. 왜 우리가 걸어서 여행을 하는지, 우리의 목적이 무엇인지, 왜 돈 한 푼 없이 여행을 하는지 등이 적힌 사연이다. 전단지를 받아 본 그 여성들은 인도에서 모스크바까지 돈 한 푼 없이 걸어서 왔다는 사실에 놀라면서 자신들이 근무하는 차 공장으로 데리고 가 차 대접을 한다.

그곳에서 나올 때 네 개의 차 묶음을 주면서 그들은 말한다. 하나는 모스크바에 있는 러시아 수상에게 주고, 한 묶음은 프랑스 대통령에게, 한 묶음은 영국 수상에게, 마지막

한 묶음은 미국 대통령에게 전해 달라고 하면서, 자신들의
메시지도 함께 담아 부탁한다.

"저희가 그들에게 하고 싶은 말은, 핵무기의 단추를 눌러
야겠다는 미친 생각이 들 때 잠시 멈추고 이 신선한 차를
한 잔 마시라는 것입니다."

주고 싶어도 줄 수 없을 때가 오기 전에

어느 날 길상사에서 보살님 한 분이 나하고 마주치자 불쑥, "스님이 가진 염주 하나 주세요"라고 했다. 이틀 후 다시 나올 일이 있으니 그때 갖다 드리겠다고 했다. 이틀 후에 염주를 전했다.

그때 그 일이 며칠을 두고 내 마음을 풋풋하게 했다.

평소 나는 염주나 단주를 몸에 지니지 않는다. 불단 곁에 두고 예불 끝에 염주를 굴리며 염송을 하거나 침상 머리에 두고 잠들기 전에 잠시 굴리며 무심을 익힐 뿐이다.

요즘에 와서 느끼는 바인데, 누구로부터 받는 일보다도 누구에겐가 주는 일이 훨씬 더 좋다. 지금까지 살아오면서 남에게 주는 일보다 받는 일이 훨씬 많았을 거라는 생각이

든다. 받기만 하고 주지 않는다면 그것은 탐욕이고 인색이다. 그리고 주지 않고 받기만 하면 그것은 결과적으로 빚이고 짐이다.

세상살이란 서로가 주고받으면서 살아가게 마련인데 주고받음에 균형을 잃으면 조화로운 삶이 아니다.

주고받는 것은 물건만이 아니다. 말 한마디, 몸짓 한 번, 정다운 눈길로도 주고받는다. 따뜻한 마음이 따뜻하게 전달되고 차디찬 마음이 차디차게 전달된다. 마지못해 주는 것은 나누는 일이 아니다. 마지못해 하는 그 마음이 맞은편에 그대로 전해지기 때문이다.

사람의 덕이란 그 자신의 행위에 의해서라기보다도 이웃에게 전해지는 그 울림에 의해서 자라기도 하고 줄어들기도 할 것 같다.

덧없는 세상을 살아가는 우리는 언젠가 자신의 일몰 앞에 설 때가 반드시 온다. 그 일몰 앞에서 삶의 대차대조표가 훤하게 드러날 것이다. 그때는 누군가에게 주고 싶어도 줄 수가 없다. 그때는 이미 내 것이 없기 때문이다.

자신이 살다가 간 자취를 미리 넘어다볼 줄 알아야 한다. 그것은 그 자신으로서는 볼 수 없다. 평소 자신과 관계를 이루었던 이웃들의 마음에 의해서 드러난다.

거듭 강조하는 바이지만, 나는 요즘에 이르러 받는 일보다도 주는 일이 더 즐겁다. 이 세상에서 받기만 하고 주지 못했던 그 탐욕과 인색을 훌훌 털어 내고 싶다. 한동안 내가 맡아 가지고 있던 것들을 새 주인에게 죄다 돌려 드리고 싶다.

누구든지 나와 마주치는 사람들은 내게 맡겨 놓은 것들을 내가 먼 길을 떠나기 전에 두루두루 챙겨 가기 바란다. 그래서 이 세상에 올 때처럼 빈손으로 갈 수 있도록 해 주기 바란다.

본래무일물本來無一物, 이것이 출세간의 청백가풍清白家風이다.

그림자 노동의 은혜

혼자서 먹기 위해 음식을 준비하는 것도 때로는 머리 무거운 일인데 여럿이 모여 사는 대가족의 경우는 음식 만드는 일이 결코 소홀히 할 수 없는 큰일이다. 밖으로 드러내지 않고 가려진 곳에서 하는 일을 '그림자 노동'이라고도 한다. 주부들이 집안일을 하는 것도 이에 해당된다. 그림자 노동에는 보수가 지급되지 않는다. 굳이 일의 공덕을 따지자면 어떤 보상도 바라지 않고 하는 이 그림자 노동에 그 공덕이 있을 것이다.

스님들이 많이 모여 사는 큰절에는 각기 소임이 있는데, 밥을 짓고 반찬을 만드는 공양주와 채공에게 장을 보아다가 물자를 대 주고 후원 일을 총괄하는 소임을 전좌典座 또는 별좌別座라고 한다. 전좌는 어떻게 하면 정진 대중이 맛있게 공양하여 몸과 마음이 함께 안락하게 될 수 있을까에 전심전력을 기울인다. 이와 같은 결의와 행위로 수행을 삼는다. 그러므로 제대로 된 수행도량에서 전좌 소임은 신참이 아니라 법랍이 많은 구참이 맡는다. 그만큼 중요한 '식사 대사'이기 때문이다.

13세기 일본의 한 젊은 스님이 중국으로 법을 배우러 간다. 우연히 한 노승을 만나 주고받은 이야기가 '전좌교훈典座敎訓'으로 전한다. 예순한 살이나 되는 노스님은 어떤 절의 전좌 소임을 보는 분인데, 다음 날 대중공양을 하기 위해 30리가 넘는 항구도시에 정박해 있는 외국 상선으로 표고버섯을 사러 온 것이다.

그때 젊은 스님이 차를 대접하며 주고받은 이야기 중에 이런 대목이 있다.

"나이 드신 노스님께서 어째서 참선을 하거나 경전이나 조사어록을 배우지 않고 번거롭고 힘든 전좌 소임 같은 걸 보십니까?"

젊은 스님의 진지한 물음에 노스님은 크게 웃으면서 다음과 같이 말한다.

"외국의 젊은이, 그대는 아직도 진정한 수행이 뭐라는 걸

모르고 있군. 문자라는 것도 모르는 것 같소."

노스님의 이 말에 그는 문득 부끄러운 생각이 들면서 마음에 깊은 감동을 받는다.

"노스님, 문자란 어떤 것입니까? 그리고 수행이란 어떤 것입니까?"

"잘 물었소. 그대가 지금의 그 물음을 잊지 않는다면 반드시 문자를 알고 수행을 알 때가 올 것이오."

노스님은 자리를 뜨면서 이렇게 말한다.

"언제든지 좋으니 내가 사는 절에 한번 오시오. 그때 차분히 이야기합시다."

여름철 안거가 끝나자 노스님은 전좌 소임을 내놓고 본사로 돌아가는 길에 소문을 듣고 일부러 젊은 스님이 사는 절에 들른다. 다시 만나게 된 반가움에 젊은 스님은 지난날의 일을 생각하고 마주 앉는다.

노스님이 입을 연다.

"문자를 배우는 사람은 먼저 문자가 무엇인지 알아야 하고, 수행자는 수행이 무엇인지를 알아야 하지요."

"노스님, 문자란 무엇입니까?"

"1 2 3 4 5라오."

"그럼 수행이란 무엇입니까?"

"모든 것은 본래 모습 그대로 수행하고 있소."

하루 24시간의 기거동작이 바로 수행이다. 어떤 한정된 시간과 공간에 매임이 없이 깨어 있는 삶이 곧 수행이라는 가르침이다.

젊은 스님은 그 후 깨달음을 이룬 뒤 고국에 돌아와 후학들을 가르치며 이와 같이 말한다.

"내가 문자가 무엇인지를 얼마쯤 알고 수행이 무엇이라는 것을 알게 된 것은 오로지 그 전좌 노스님의 크신 은혜이다."

젊은 스님의 이름은 도겐道元 선사.[18]

5백 생의 여우

산중에 짐승이 사라져 가고 있다. 노루와 토끼 본 지가
언제인가. 철 따라 찾아오던 철새들도 아직 감감무소식이
다. 여느 해 같으면 지금쯤 찌르레기와 쏙독새, 휘파람새
소리가 아침저녁으로 골짜기에 메아리를 일으킬 텐데 그런
소리를 들을 수 없어 산과 들녘뿐 아니라 산에 사는 사람의
속도 가뭄을 탄다.

8세기 중국에서 최초로 수도생활의 규범을 마련하고 수
도원을 세운 백장 스님은 '하루 일하지 않으면 하루 먹지
않는다'는 시퍼런 규범을 몸소 실천한 분이다. 그의 주변에
는 삶의 교훈이 많다.

백장 스님의 설법이 있을 때마다 항상 한 노인이 뒷자리

에서 법문을 듣다가 대중을 따라 물러갔다. 그런데 어느 날 법문이 다 끝났는데도 그는 물러가지 않고 그 자리에 남아 있었다. 백장 스님이

"거기 남아 있는 이는 누구인가?"

라고 물었다. 노인은,

"예, 저는 사람이 아닙니다. 아주 오랜 옛날 이 산에서 살 았는데 어느 날 제자 한 사람이 '수행이 뛰어난 사람도 인과因果에 떨어집니까?' 하고 묻기에 제가 답하기를 '인과에 떨어지지 않는다不落因果'라고 했습니다.

그때부터 저는 5백 생 동안 여우의 몸을 받아 오늘에 이 르렀습니다. 큰스님께서 바른 법문으로 이 여우의 몸을 벗 게 해 주소서."

라고 간청했다. 스님은 그때처럼 다시 물으라고 일렀다.

"수행이 뛰어난 사람도 인과에 떨어집니까?"

스님이 답했다.

"인과에 어둡지 않다不昧因果."

노인은 이 말끝에 크게 깨닫고 스님께 말했다.

"큰스님의 한마디로 저는 여우의 몸을 벗게 됐습니다. 벗 은 몸은 이 산 너머에 있으니 원컨대 죽은 스님을 천도하는 법식대로 해 주소서."

백장 스님은 대중을 맡아 돌보는 유나에게 점심 공양 후에 죽은 스님의 장례식이 있을 거라고 일렀다. 앓는 사람이 없었는데 장례식이라니 다들 의아하게 생각했다.

공양이 끝나자 큰스님은 대중을 이끌고 뒷산 바위굴로 가 주장자로 죽어 있는 여우를 끌어내어 그 자리에서 화장했다.

그날 밤 백장 스님은 위의를 갖추고 법상에 올라가 낮 동안에 있었던 전후 사정을 대중에게 말씀했다.

이때 큰스님의 맏제자인 황벽 스님이 물었다.

"노인은 그 옛날 묻는 말에 잘못 답하여 5백 생 동안이나 여우의 몸을 받았다는데, 만약 그때 바르게 답했다면 그 노인은 무슨 몸을 받았을까요?"

백장 스님은 말했다.

"이리 나오너라. 그 노인을 위해 일러 주마."

황벽은 큰스님 곁으로 가까이 다가서면서 갑자기 스승의 옆구리를 쥐어박았다.

이때 백장 스님은 손뼉을 치며 크게 웃었다.

"달마[19]의 수염이 붉을 거라고 생각해 왔는데 이곳에도 붉은 수염의 달마가 있었구나."

남을 지도하는 사람이 말 한마디 잘못하여 5백 생 동안 여우 몸을 받았다는 이 법문이 우리에게 무엇을 뜻하는지 곰곰이 생각해 보지 않을 수 없다. 나는 남의 물음에 바르게 답하고 있는가, 잘못 답하고 있지는 않은가.

하늘과 바람과 달을

예전에는 시인詩人이란 직종이 따로 없었다. 글을 아는 사람이면 누구나 시를 읊고 지었다. 제대로 된 선비(그 시절의 지식인)라면 시詩, 서書, 화畵를 두루 갖추고 있었다. 그것은 보편적인 교양이었다.

'승려 시인'이란 말도 예전에는 없었다. 경전을 읽고 어록을 읽을 수 있는 스님들은 그 자신도 삶의 노래인 시를 짓고 즐겼다. 시詩라는 글자를 살펴보면 '말씀 언' 변에 '절 사' 자이다. 절에서 수행자들이 주고받는 말이 곧 시라는 뜻이다.

바람과 달과 시냇물과 나무와 새와 꽃과 더불어 살아가는 산중에서는, 보고 듣고 말하는 것이 언어의 결정체인 시

의 분위기로 이루어지게 마련이다. 선문답도 논리적으로
비약은 심하지만 시의 형식을 빌린 문답이다.

지는 꽃향기 골짜기에 가득하고
우짖는 새소리 숲 너머에서 들려온다
그 절은 어디 있는가
푸른 산의 절반은 흰 구름이어라

늦은 봄날 절 안의 한가로운 풍경이다. 꽃이 지고 새소리
들려오는 곳. 그런 절은 어디 있는가 하고 묻는 이에게 푸
른 산의 절반은 흰 구름이라고 슬쩍 비켜서 답한다. 속세의
먼지가 닿지 않는 흰 구름 속에 묻혀 있는 절이므로 더욱
신선하다.
서산대사 휴정 스님이 어느 산에서 읊은 시다.

초가는 낡아 삼면의 벽이 없는데
노스님 한 분 대평상에서 졸고 있다
석양에 성긴 비 지나가더니
푸른 산은 반쯤 젖었다

다 허물어진 암자에 사는 노스님의 모습이 그림 같다. 노스님이라 좌선이 곧 졸음으로 이어진 것. 뻣뻣하게 곧은 자세로 앉아 있다면 노스님답지 않다. 조는 그 속에서 선정삼매를 이룬다. 해질 무렵 한 소나기 지나가자 반쯤 젖은 푸른 산이 대평상에서 졸고 있는 노스님을 받쳐 주고 있다. 역시 휴정 스님의 '초옥草屋'이란 시다.

요즘은 큰 절과 암자를 가릴 것 없이 다들 물질적으로는 풍족하게 살기 때문에 퇴락해 가는 절을 만나기 어렵다. 그 속에서 사는 처지에서는 그렇지 않지만, 지나가는 나그네의 눈으로 보면 번쩍거리는 절보다는 얼마쯤 퇴락해 가는 절의 모습이 그윽하고 아름답게 보일 것이다.

벽이 무너져 남쪽 북쪽이 다 트이고
추녀 성글어 하늘이 가깝다
황량하다고 말하지 말게
바람을 맞이하고 달을 먼저 본다네

조선시대 환성 지안 스님의 시인데, 곧 허물어져 가는 오두막에 살면서도 궁기가 전혀 없는 낙천적인 삶의 모습이다. 벽이 무너지고 추녀가 벗겨져 나갔지만 도리어 그 속에서 자연을 가까이 할 수 있음을 다행스럽게 여기고 있다. 하늘과 바람과 달을 집보다 소중하게 여기는 것이 예전 수행자들의 한결같은 모습이었다. 곧 하늘과 땅, 산과 강을 큰 집으로 여겼던 것이다.

옛것과 낡은 것은 아름답다. 거기 세월의 향기가 배어 있기 때문이다.

무엇이 사람을 천하게 만드는가

물 아래 그림자 지니
다리 위에 중이 간다
저 중아 게 있거라
너 가는 데 물어보자
막대로 흰 구름 가리키며
돌아 아니 보고 가노메라

　송강 정철의 시조인데 한 폭의 아름다운 풍경화를 보는
듯하다. 다리 밑으로 흐르는 물에 그림자가 어리어 다리 위
를 쳐다보니 한 스님이 지나가고 있다. 대사, 잠깐 물어보
세. 어디로 가는 길인가? 스님은 지팡이를 들어 흰 구름을

가리키며 아무 대꾸도 하지 않고 가던 길을 시적시적 지나 간다. 운수납자雲水衲子의 기품을 지닌 모습이다.

'막대로 흰 구름 가리키며 돌아 아니 보고 가노메라'라 는 표현은 이 시조의 백미다.

유교를 숭상하고 불교를 배척하던 조선시대에 스님들은 유생 관료들에 의해 말할 수 없는 박해를 받았다. 그 당시 스님들은 칠천七賤 가운데 하나로 여겨졌다. 종, 기생, 악공 과 광대, 가죽신을 만드는 갓바치, 고을의 아전, 관아에서 심부름하는 하인과 함께 천한 계급으로 다루어졌다.

그래서 스님들한테는 하대를 했다. '저 중아 게 있거라 너 가는 데 물어보자'라고 한 것도 이런 상황에서 나온 표 현이다. 심지어 스님들에게는 도성都城(서울) 출입이 법으 로 금지돼 있었다. 이와 같은 악법이 사라진 것은 한말 일 본 스님들에 의해서였다. 일본 스님들은 남의 나라 도성을 마음대로 출입할 수 있는데 정작 본국의 스님들은 자기네 나라 도성을 출입하지 못하는 것을 보고 당국에 시정을 요 구하게 된 것이다.

정치권력으로부터 보호를 받던 고려시대보다도 갖은 천 대와 박해를 받던 조선시대에 뛰어난 수행자들이 많이 출 현했다는 사실은 오늘의 수행자들에게 가르치는 바가 적지 않을 것이다.

동서양의 종교 역사를 통해서 볼 때, 종교는 정치권력을 등에 업을 때가 가장 반종교적으로 타락했고, 체제로부터 박해를 받을 때가 가장 순수하게 제 기능을 하면서 성장할 수 있었다.

불타 석가모니는 〈숫타니파타〉[20]에서 '천한 사람'에 대해 이와 같이 말한다.

"얼마 안 되는 물건을 탐내어 사람을 죽이고 그 물건을 약탈하는 사람.

증인으로 불려 나갔을 때 자신의 이익이나 남을 위해서 거짓으로 증언하는 사람.

가진 재산이 넉넉하면서도 늙고 병든 부모를 섬기지 않는 사람.

상대가 이익되는 일을 물었을 때, 불리하게 가르쳐 주거나 숨긴 일을 발설하는 사람.

남의 집에 갔을 때는 융숭한 대접을 받았으면서 그쪽에서 손님으로 왔을 때 예의로써 보답하지 않는 사람.

사실은 성자(깨달은 사람)도 아니면서 성자라고 자칭하는 사람, 그는 전 우주의 도둑이다. 그런 사람이야말로 가장 천한 사람이다.

　날 때부터 천한 사람이 되는 것은 아니다. 태어나면서부터 귀한 사람이 되는 것도 아니다. 오로지 그 행위에 의해서 천한 사람도 되고 귀한 사람도 되는 것이다."

임종게와 사리

한 생애를 막음하는 죽음은 엄숙하다. 저마다 홀로 맞이하는 죽음이므로 타인의 죽음을 모방하거나 흉내 낼 수 없다. 그만의 죽음이기 때문에 그만큼 엄숙하다.

일찍부터 선가에서는 '마지막 한마디'(이를 임종게偈 또는 유게遺偈라고 한다)를 남기는 일이 죽음의 무슨 의례처럼 행해지고 있다. 그것은 대개 짧은 글 속에 살아온 햇수와 생사에 거리낌이 없는 심경을 말하고 있다.

바로 죽음에 이르러 가까운 제자들에게 직접 전하는 생애의 마지막 그 한마디다. 따라서 죽기 전에 시작詩作을 하듯이 미리 써 놓은 것은 유서일 수는 있어도 엄밀한 의미에서 임종게는 아니다.

타인의 죽음을 모방할 수 없듯이 마지막 남기는 그 한마디도 남의 글을 흉내 낼 수 없다. 그의 한 생애가 그를 지켜보고 있기 때문에 가장 그 자신다운 한마디여야 한다.

13세기 송나라 조원祖元 스님은 이런 임종게를 남겼다.

부처니 중생이니 모두 다 헛것
실상을 찾는다면 눈에 든 티끌
내 사리 천지를 뒤덮었으니
식은 잿랑 아예 뒤지지 말라

육조 스님의 제자인 남양의 혜충 국사가 죽으려고 할 때 마지막 유언을 듣고 싶어 하는 제자들을 꾸짖으면서 "내가 지금까지 너희들에게 말해 온 것이 모두 내 유언이다"라고 했다.

또 어떤 스님은 제자들이 임종게를 청하자, 임종게가 없으면 죽지 못한단 말이냐고 하면서 "지금까지 내가 해 온 말이 곧 내 임종게다"라고 했다.

사리舍利란 범어에서 온 말인데 '불타고 남은 유골'을 뜻한다. 불자들이 화장을 하는 것은 아무것도 남기지 않기 위해서다. 본래 무일물을 그대로 보이는 소식이다.

고려 말 백운 경한 스님은 이렇게 읊었다.

사람이 칠십을 사는 일
예로부터 드문 일인데
일흔일곱 해나 살다가
이제 떠난다

내 갈 길 툭 트였거니
어딘들 고향 아니랴
무엇 하러 상여를 만드는가
이대로 홀가분히 떠나는데

내 몸은 본래 없었고
마음 또한 머문 곳 없으니
태워서 흩어 버리고
시주의 땅을 차지하지 말라

조주 스님은 세상을 뜨려고 할 때 제자들에게 이렇게 당부했다.
"내가 세상을 뜨고 나면 불태워 버리고 사리 같은 걸 골

라 거두지 말라. 선사의 제자는 세속인과 다르다. 더구나
이 몸뚱이는 헛것인데 사리가 무슨 소용이냐. 이런 짓은 당
치 않다!"

책에 읽히지 말라

지나온 자취를 되돌아보니, 책 읽는 즐거움이 없었다면 무슨 재미로 살았을까 싶다. '책에 길이 있다'는 말이 있는데 독서인이라면 누구나 공감할 교훈이다. 학교 교육도 따지고 보면 책 읽는 훈련이다. 책을 읽으면서 눈이 열리고 귀가 트인다. 그 또래가 알아야 할 보편적인 지식과 교양을 익히면서 인간이 성장하고 또한 형성된다.

따라서 인간 형성의 길에 도움이 되지 않는 독서(지식이나 정보)는 더 물을 것도 없이 사람에게 해롭다.

육조 혜능 스님의 회상에 〈법화경〉[21]을 독송하기 7년이나 되는 한 스님이 있었는데, 그는 경전을 그저 읽고 외웠을 뿐 바른 진리의 근원에는 이르지 못했다. 이런 경우 경전

자체에 허물이 있는 것이 아니라 경전을 읽는 그 사람의 태도에 문제가 있는 것이다. 먼저 마음의 안정이 없으면 경전의 뜻을 제대로 이해할 수 없다. 그리고 경전의 가르침을 자기 자신의 삶으로 받아들이지 않으면, 설령 〈팔만대장경〉을 죄다 외울지라도 아무 의미가 없다.

옛 스승의 가르침에 '심불반조 간경무익心不返照 看經無益'이란 말이 있다. 경전을 독송하는 사람이 자신의 마음으로 돌이켜 봄이 없다면 아무리 경전을 많이 읽더라도 도움이 되지 않는다는 것이다.

책을 읽는 사람들이 자칫 빠져들기 쉬운 것이 책을 읽는 것이 아니라 책에 읽히는 경우이다. 내가 책을 읽는 것이 아니라 어느새 책이 나를 읽고 있는 것이다. 이렇게 되면 주객이 뒤바뀌어 책을 읽는 의미가 전혀 없다.

이런 때는 선뜻 책장을 덮고 일어서야 한다. 밖에 나가 맑은 바람을 쏘이면서 피로해진 눈을 쉬게 하고, 숨을 크게 들이쉬고 내쉬면서 기분을 바꾸어야 한다. 내가 책에서 벗어나야 하고 또한 책이 나를 떠나야 한다. 표현을 달리하자면, 책으로부터 자유로워져야 비로소 책을 제대로 대할 수 있다는 뜻이다.

선가禪家에서 불립문자不立文字를 내세우는 것도 아예 책

을 가까이 하지 말라는 뜻이 아니라 책을 대하되 그 책에 얽매이지 말고 책으로부터 자유로워져야 한다는 가르침이다. 지혜는 문자가 아니지만 문자로써 지혜를 드러낸다. 이렇게 되어야 아직 활자화되지 않은 여백餘白의 글까지도 읽을 수 있다.

좋은 책을 읽으면 그 좋은 책의 내용이 나 자신의 삶으로 이어져야 한다. 이때 문자文字의 향기와 서권書卷의 기상이 내 안에서 움트고 자란다.

새봄 내 책상 위에는 두 권의 책이 놓여 있다. 프랭크 스마이드의 〈산의 영혼〉과 팔덴 갸초의 〈가둘 수 없는 영혼〉이다. 프랭크 스마이드는 영국의 등산가이며 저술가인데 그는 등산을 운동이나 도전으로 생각하지 않고 명상하기 위한 산책이라고 한다. 그는 산을 걷는 명상가이다.

팔덴 갸초는 티베트 라마승인데 중국이 티베트를 침략한 후 30여 년 동안 그가 겪은 고난의 기록이다. 그는 어떤 고난에도 스승과 영혼의 가르침을 저버리지 않고 강인한 정신력을 지켰다. 그에게는 감옥이 곧 사원이고 족쇄와 수갑이 경전이었다.

〈주〉

1. 〈계로록〉

〈좋은 사람을 끊으니 기쁘더라〉로 일약 베스트셀러의 작가 반열에 오른 일본 여류 소설가 소노 아야코의 늙어 감을 경계하고 경책하는 글. 멋지게 늙어가는 방법으로 1) 늘 인생의 결재를 해 둘 것 2) 푸념하지 말 것 3) 젊음을 시기하지 말고 진짜 삶을 누릴 것 4) 남이 주는 것, 해 주는 것에 대한 기대를 버릴 것 5) 쓸데없이 참견하지 말 것 6) 지나간 이야기는 정도껏 할 것 7) 홀로 서고 혼자서 즐기는 습관을 기를 것 8) 몸이 힘들어지면 가족에 기대지 말고 직업적으로 도와줄 사람을 택할 것 등을 제시하고 있다.

2. 크리슈나무르티

전 세계를 다니면서 수십 년간 독자적인 강연을 한 혁명적인 사상가이자 이 시대의 위대한 사상가로 불린다. 그는 인간을 총체적으로 이해하기 위해서, 또 세계를 근본적으로 이해하기 위해서 항상 현재의 삶 속에서 진리를 발견하라고 주장한다. 이를 위해서 모든 틀 지워진 권위와 종교를 거부하고 내면의 울림에 귀 기울여 스스로 탐구하면 진정한 자유를 얻을 수 있고 그 속에서 진리를 찾을 수 있다고 가르친다. 이것이 그가 평생 동안 강연을 하는 이유와 목적이다.

3. 조주선사

중국 당나라의 선승으로 120세로 입적할 때까지 선가에 가장 많은 화두를 남긴 것으로 유명하다. "달마가 서쪽에서 온 뜻이 무엇이냐"고 묻자, 그가 "뜰 앞의 잣나무"라고 대답한 것에서 '뜰 앞의 잣나무'라는 화두가 나왔다. 795년 17세에 깨달아 40년 동안 스승 남전 곁에 머물며 정진을 거듭했다. 스승이 세상을 떠나자 순례 길에 올라 당대의 선사들을 만나 가며 배움을 거듭했다. "내가 100세 노인을 만나서도 가르쳐 줄 게 있으면 가르칠 것이요, 8세 소년을 만나서도 그가 내게 가르쳐 줄 게 있으면 배울 것이다"라는 말을 남긴 그는 80세가 되어서야 비로소 가르칠 만큼 성숙했다 여기고 선방을 열었다. 열반에 들 때까지 40년을 가르쳤는데 가르침이 명징과 자비와 해

학의 경이 자체였다. 검소한 생활과 겸허한 자세로 크게 칭송받았다.

4. 안거가 시작되는 결제날

안거는 출가한 승려가 일정 기간 동안 외출을 금하고 한곳에 머무르며 수행하는 것을 말한다. 안거를 맺는 일을 '결제'라 하는데, 여름 안거는 음력 4월 16일, 겨울 안거는 음력 10월 16일에 시작한다. 기간은 석 달. 안거를 마치는 일을 '해제'라 한다.

5. 〈장로게〉

부처의 제자들이 읊은 시를 모은 시집. 기원전 6세기에서 기원전 3세기 사이에 만들어진 것으로, 부처의 말씀을 그대로 옮긴 것도 있고, 〈법구경〉이나 〈숫타니파타〉의 내용과 비슷한 것도 있다. 모두 264명의 비구들이 지었다고 하나 구체적인 이름까지 확인하기는 어렵고, 한 사람이 만들었는지 또는 여러 사람이 공동으로 만들었는지도 불분명하다. 인도 서정시의 백미로 평가받는다.

6. 레이첼 카슨의 〈침묵의 봄〉

1962년 미국의 생물학자 레이첼 카슨이 쓴 〈침묵의 봄〉은 환경 분야 최고의 고전 중 하나이다. 평화롭고 아름다운 한 시골 마을이 어느 날부터 갑자기 원인 모를 질병과 죽음으로 고통 받는다는 우화로 시작하는 이 책에서, 카슨은 살충제 사용으로 파괴되는 생태계와 그로 인해 인간이 치러야 할 엄청난 대가에 대해 낱낱이 고발한다 .

7. 피에르 라비

대지를 존중하는 농사법으로 땅을 일구는 농부 철학자. 생명의 그물망을 잇는 성자이자, 아프리카 사막을 생명의 땅으로 바꾼 녹색 실천가로 불린다. 그를 수식하는 많은 언어들은 하나같이 생명과 환경이라는 절대 가치를 향하고 있다. 환경 재앙이 본격적으로 거론되기 훨씬 전인 40년 전부터, 현대 문명의 폭력적인 팽창에 의해 자연은 물론 인간마저도 삶의 터전을 상실하고 말 것이라고 경고해 왔다.

8. 버나드 쇼

아일랜드 출신의 극작가이자 비평가로 1925년 노벨문학상을 수상했다. 건방지고 불손하며 자기과시적이던 그는 아흔네 살로 세상을 떠날 때까지 자신만의 독특하고 쾌활한 기지를 발휘해 줄곧 세인의 관심을 끌었다. 깡마른 체구, 무성한 턱수염, 멋진 지팡이는 그의 희곡만큼이나 유명하다. 쇼는 영국에서 조나단 스위프트 이래로 가장 신랄한 글의 저자였고, 대중적인 음악평론가였으며, 탁월한 극비평가였다. 가장 많은 편지를 남긴 작가이기도 한 그는 자신의 비평적 관점을 다른 분야에까지 확장하여 그가 살았던 당시의 정치적, 경제적, 사회학적 사상 형성에 기여했다.

9. 성 베네딕도

6세기. 서양에서 수도 생활의 스승이라 불리는 성 베네딕도는 영적으로 절도와 조화를 이루는 모범적인 삶을 살았으며 이를 바탕으로 수도 규칙서를 썼다. 이 책은 당시와 중세의 수도 생활뿐 아니라 현대에까지지도 교회 및 일상생활에 영향을 끼치고 있다.

10. 비노바 바베

간디와 가장 가까운 동료이자 진실한 추종자였으며, 간디 이후 인도의 진정한 성자로 존경받고 있다. 인도의 독립과 최하층민의 지위 향상을 위해 평생을 바쳤으며, 문명의 이기를 거부하고 참다운 삶의 의미를 전파했던 그는 동양 정신의 위대한 상징이다. 인도 최고 계급인 브라만으로 태어났지만, 스스로 육체노동자의 길을 택하여 최하층민과 함께 생활했다. 비폭력을 실천하고, 영성을 추구하며, 사랑의 힘을 간직해 온 그의 삶은 완전한 삶의 한 모범이 되고 있다.

11. 〈바가바드기타〉

인도 철학의 꽃이라 불리는 〈바가바드기타〉는 '신이 부르는 노래 또는 가르침'이라는 뜻이다. 산스크리트어로 쓰인 고대 인도의 대서사시 〈마하바라타〉 가운데 철학과 영성, 신성성을 체현한 시 부분을 〈마하바라타〉 편찬자로 알려진 비아사가 가려 뽑은 것이다. 크리슈나와 아르주나 사이에 이루어진 대화 형식을 띠고 있는데, 내용적으로는 인간 안의 두 본성, 즉 선과 악 사이에 벌어지는 전쟁을 서술한다. 700여 구의 시로 되어 있으며, 인도뿐 아니라 세계인의 정신적 지침서가 되고 있다.

12. 임제선사

중국 당나라의 선승으로 선종의 일가인 임제종의 토대를 마련했다. 우리나라는 태고 보우와 석옥 청공이 12세기에 그 법맥을 이었다. 넓은 의미로 조계종도 임계종의 법맥에서 영향을 받은 것이다.

13. 육조 혜능 스님
중국 당나라 선종의 선사로 육조대사라고도 한다. 그의 설법을 기록한 〈육조단경〉이 전해진다.

14. 월광보살
달. 달처럼 청정한 덕상을 갖추고 중생을 교화하는 보살을 이르는 말이기도 하다. 월정月淨 또는 월광변조보살月光遍照菩薩이라고도 한다.

15. 아쇼카
인도 최초의 통일왕조인 마우리야 왕조의 3대 왕으로 집권 후 소승불교로 개종하였으며, 동물의 권리를 부여하고 비폭력을 진흥하였다. 젊어서부터 불교와 관계가 깊었던 것은 아니었지만, 왕위에 오른 이후 자애와 대비심에 충만한 자비의 왕으로 탈바꿈하였다. 인도에 살아 있는 것에 대한 존중과 평화의 정신을 뿌리내렸다. 인도의 가장 위대한 황제로 인용된다.

16. 사티쉬 쿠마르
인도 라자스탄에서 태어나 아홉 살에 세상과 인연을 끊고 자이나교 승려가 되었다. 그러나 세상과의 단절이 영성을 깊게 해 주기보다는 오히려 영혼을 질식시킨다는 사실을 깨닫고 열여덟 살 때 내면의 소리를 따라 승려의 길을 그만두었다. 독립한 인도에서 간디의 비전을 실현하고 평화로운 세상을 만들기 위해 토지개혁 운동에 참가해, 수천 명의 사람들과 함께 걸어 다니면서, 불가촉천민들에게 땅을 나누어 줄 것을 지주들에게 요청했다. 이후 영국에 정착하여 생태적이고 영적인 경험을 많은 사람들과 나누었다.

17. 버트란드 러셀
영국의 철학자, 수학자이며 사회비평가. 평화주의자로서 반전운동을 전개하다 투옥되기도 하였다. 1950년에 노벨문학상을 받았으며, 만년에는 베트남 반전운동과 원자 · 수소폭탄 사용금지 운동을 펼쳤다. 저서로 〈독일 사회민주주의〉, 〈수학의 원리〉, 〈볼셰비즘의 이론과 실천〉, 〈서양철학사〉, 〈자서전〉 등이 있다.

18. 도겐 선사

일본 불교의 한 부류인 조동종曹洞宗의 개조. 대표작인 〈정법안장正法眼藏〉에 조동종의 중심 사상이 담겨 있다. 만일 일본에 국가 대란이 발생해 가장 귀한 물건 하나를 해외로 이동시켜야 한다면 일본인들은 〈정법안장〉을 첫째로 꼽는다 한다. 이 책은 일본 불교가 낳은 가장 우수한 문헌 중 하나로 일본인이 대단한 자긍심을 갖고 있다. 도겐 선사는 마지막에 "나의 일생은 하나의 계속적인 실수였다"는 말을 남겼다.

19. 달마

중국 선종의 창시자. 남인도 향지국의 셋째 왕자로, 대승불교의 승려가 되어 선에 통달하였다. 520년경 중국에 들어와 숭산 소림사에서 9년 동안 면벽좌선을 하고 나서, 사람의 마음은 본래 청정하다는 이치를 깨달아 이를 전파하고, 이 선법을 제자 혜가에게 전수하였다.

20. 〈숫타니파타〉

불교의 수많은 경전 중에서 가장 초기의 것으로 '숫타니파타'란 '경의 집성'이란 뜻이다. 역사적 인물로서의 불타 석가모니와 초기 불교를 이해하는 중요한 자료가 되고 있다. 발전 및 수정되기 이전의 간단명료한 초기 불교가 그대로 담겨져 있다. 부처는 이 경에서 인간으로서 가야 할 단순하고 소박한 길에 대해 말하고 있다.

21. 〈법화경〉

화엄경과 함께 우리나라 불교 사상에 가장 큰 영향을 끼쳤으며, 삼국시대 이래 가장 많이 유통된 불교 경전. 법화경에는 부처가 되기 위한 길로 7가지의 비유를 들어 설해 놓은 것이 있다. 이를 법화칠비라 하는데, 삼계화택의 비유, 장자궁자의 비유, 약초의 비유, 화성의 비유, 상투 속 구슬의 비유, 옷 속 구슬의 비유, 양의병자의 비유가 있다. 누구에게나 부처가 되는 길이 열려 있음을 설하고 있다.

아름다운 마무리

1판   1쇄 발행 2008년 11월 15일
1판 127쇄 발행 2010년 3월 18일
—
지은이   법정
—
발행처   문학의숲
발행인   고세규
—
신고번호   제300-2005-176호
신고일자   2005년 10월 14일
—
주소   서울시 마포구 동교동 200-19번지 202호(121-819)
전화   02-325-5676
팩스   02-333-5980
—
값은 표지에 있습니다.
ISBN 978-89-959049-6-1   03810